スウェーデンの小学校社会科の教科書を読む

日本の大学生は何を感じたのか

ヨーラン・スバネリッド　鈴木賢志＋明治大学国際日本学部鈴木ゼミ 編訳

新評論

はじめに――訳者による解説

昨今、日本では「若者の政治離れ」や「政治意識の希薄化」が問題視されています。そうした議論において、よく引き合いに出されるのがスウェーデンです。

二〇一四年九月にスウェーデンで行われた国政選挙の投票率は、なんと八五・八パーセントでした。三〇歳未満の若年層にかぎってみても、八一・三パーセントという非常に高い投票率となっています。日本でも同じ年の一二月に衆議院議員総選挙が実施されましたが、その投票率は全年代で五二・七パーセント、若年層にかぎれば三二・六パーセントとなっており、その差は歴然です。

スウェーデンでは、なぜそれほど多くの若者が投票所に足を運ぶのでしょうか？　多くの日本人は、この問いに対して「スウェーデンの若者のほうが、日本の若者よりも政治に関心が高いからだ」と答えるのではないかと思います。ところが、そのような考え方は必ずしも正しいとは言えません。

図表０−１　若者の政治への関心の高さ

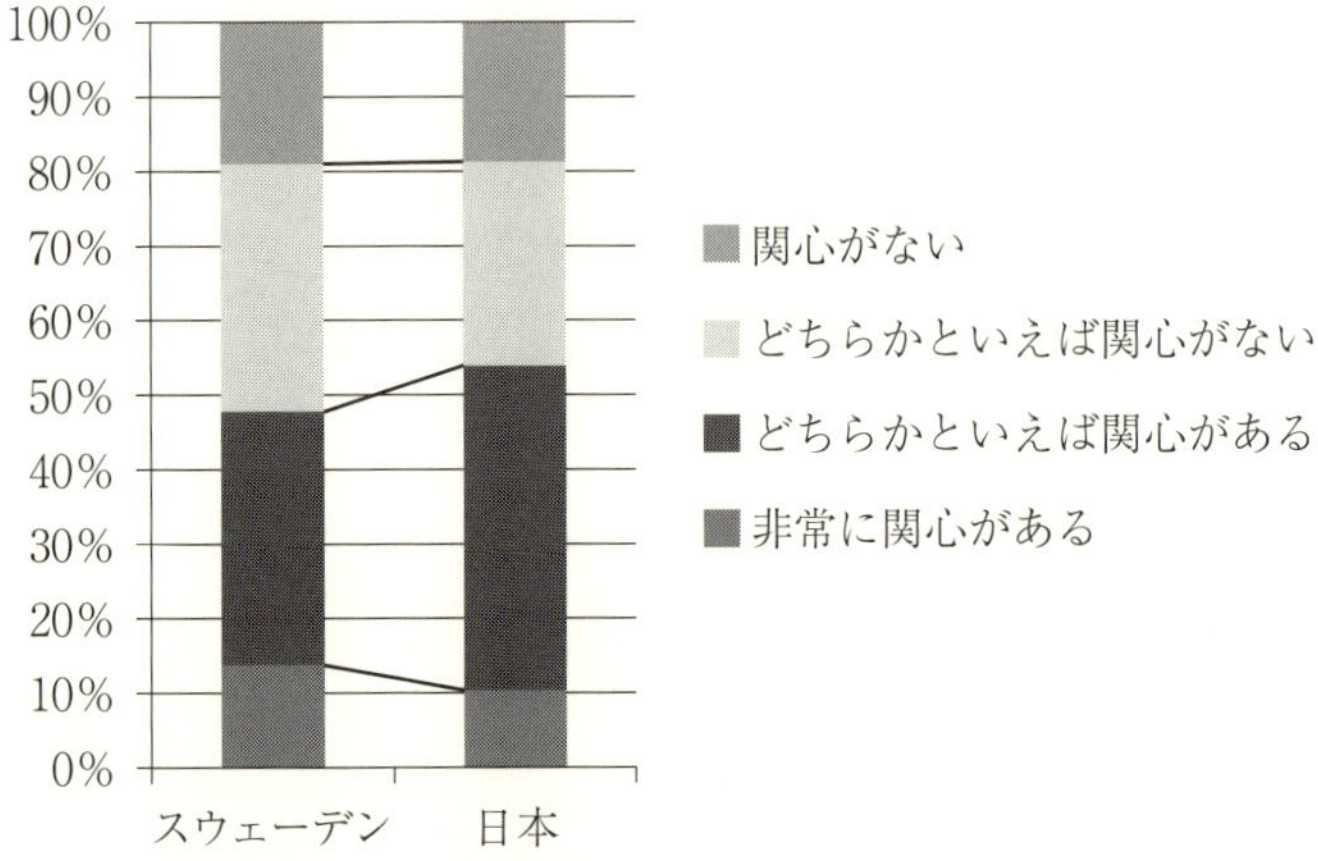

注：わからない、無回答を除く。
出所：内閣府『平成25年度我が国と諸外国の若者の意識に関する調査』、2014年。

内閣府が二〇一三年に実施した「平成二五年度　我が国と諸外国の若者の意識に関する調査」には、「あなたは、今の自国の政治にどのくらい関心がありますか」という質問があります。この調査は、日本とスウェーデンを含む世界七か国の若者（一三歳〜二九歳）を対象として行われたものであり、若者の意識を国際的に比較することができる貴重な資料となっています。

図表０−１がその結果です。これによると、政治に「非常に関心がある」という若者の割合は、スウェーデン一四パーセント、日本一〇パーセントと、スウェーデンのほうが少し高いのですが、「どちらかといえば関心がある」を合わせて政治に「関心がある」という若者の割合を比べてみると、

図表０－２　「私個人の力では政府の決定に影響を与えられない」と思うか

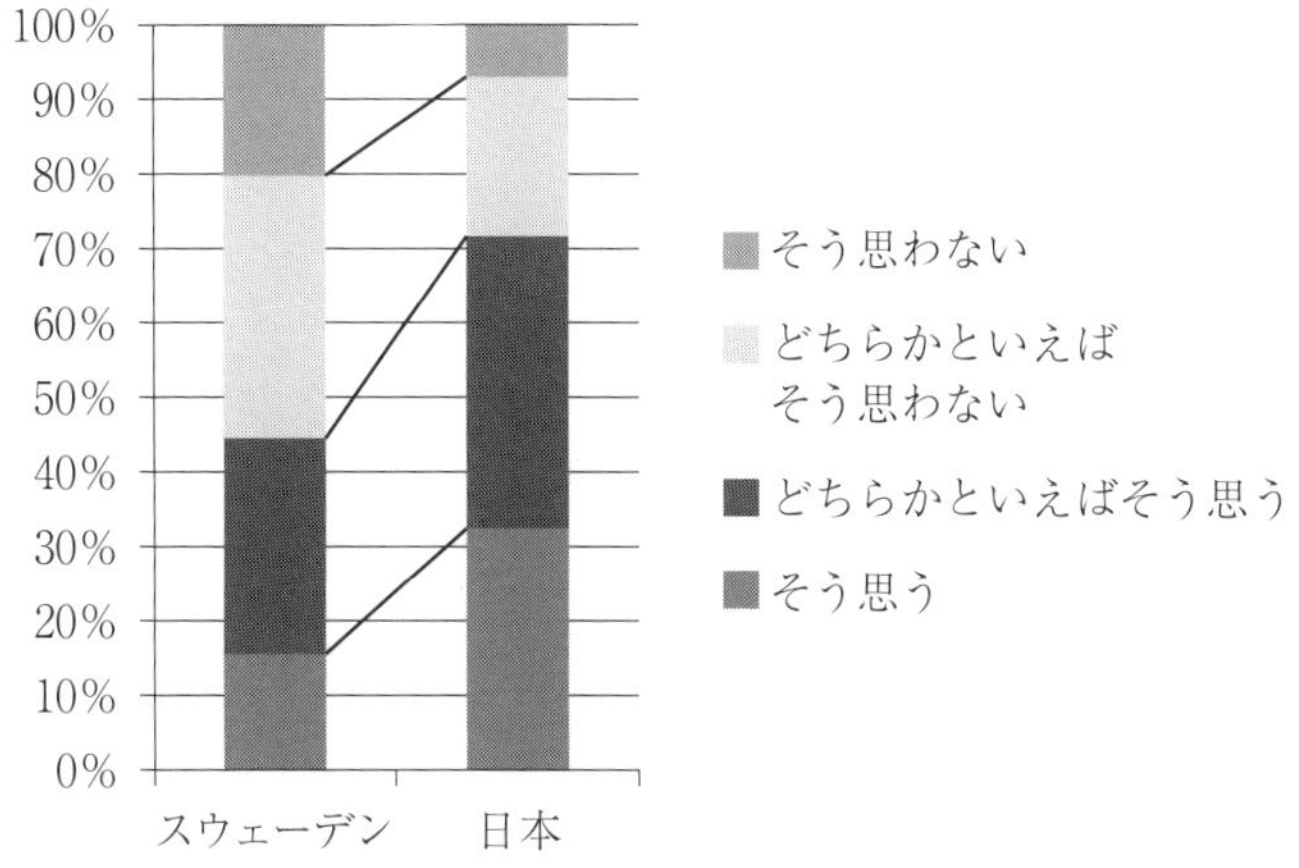

注：わからない、無回答を除く。
出所：内閣府『平成25年度我が国と諸外国の若者の意識に関する調査』、2014年。

スウェーデン四八パーセントに対して日本五四パーセントと、日本がスウェーデンを上回っているのです。つまり、「スウェーデンの若者のほうが、日本の若者よりも政治に関心が高い」とは必ずしも言えないということです。

それでは、スウェーデンと日本が大きく異なるのはどのような点なのでしょうか。それは、自分の行動が政府の決定に影響を与えることができるという可能性に対する期待感だと言えます。

先の内閣府の調査には、「『私個人の力では政府の決定に影響を与えられない』と思いますか」という質問も含まれています。その調査結果が**図表０－２**です。日本では、「そう思う」と「どちらかといえばそう思う」という若者が合わせて七割に達していますが、スウェーデンでは四割を少し超える程度で、「そう思わない」と「どちらかといえばそう思わない」という若者のほうがむしろ多いのです。

このような意識の差は、目先の政治に対する関心などというレベルではなく、政治とは何か、社会とは何か、それは自分とどのようなかかわりをもつのかという、より根本的なレベルの認識が、日本とスウェーデンでは大きく異なることを示しています。端的に言ってしまえば、スウェーデンでは、とくに政治に関心をもっていなくても選挙には行くということです。

私は、大学のゼミ生を毎年スウェーデンに連れていき、現地の高校生や大学生と交流を行っていますが、そのたびに日本の若者とスウェーデンの若者の考え方の違いに驚かされます。たとえば、ある年のこと、私の学生の一人が「スウェーデンでは、なぜ若者は選挙に行くの？」とスウェーデン人の学生に質問したところ、「え、政策や法律が変わったら、将来にわたってその影響を一番長く受けるのは若者じゃないか。むしろ、何で日本の若者は選挙に行かないの？」と逆に質問されたことがあります。とても印象的なシーンでした。

日本でも、二〇一五年に公職選挙法が改正され、投票年齢が二〇歳から一八歳に引き下げられたことがきっかけとなり、二〇一五年から二〇一六年の参議院議員選挙にかけては、多くのメディアが「主権者意識」について取り上げました。そのなかで、スウェーデンに注目した記事や番組も少なくありませんでした。

それにしても、なぜスウェーデンの人々は、若いうちからそれほど高い主権者意識をもっているのでしょうか。その謎を探るべく、私はスウェーデンの小学校で用いられている社会科の教科書を手に取ってみました。そこに書かれている内容は、私にとって驚くべきものでした。

その驚きが理由で、これを日本語に翻訳し、ゼミの学生たちに読ませることにしました。私が小学生だったのははるか昔、一九七〇年代のことですから、同じ日本の教育を受けてきたとはいえ、今の若者たちの受け止め方は違うかもしれないと思ったからです。学生たちのとらえ方も、またなかなか興味深いものでした。

また学生たちは、その際の発見や考察を卒業研究として、二〇一六年二月に「一般社団法人スウェーデン社会研究所」が主催した研究講座で発表をしています。会場となったスウェーデン大使館の講堂は満席となり、私たちだけでなく、今の日本において強い関心が寄せられているテーマであることを実感しました。ちなみに、このときのことが、二〇一六年五月一三日付の「読売新聞」の教育欄にて紹介されています。

以下では、スウェーデンの社会科の教科書にはどんなことが書かれているのか、そしてそれを読んだ日本の若者たちがどのように読み解いたのかを記していきます。なお、本書では「小学校社会科」という表現を使いますが、厳密に言えばスウェーデンには「小学校」はありません。あるのは、日本の小学校と中学校を合わせた九年課程の「基礎学校」です。ここで取り上げる教科

スウェーデン大使館で行われたゼミの発表会

政治参加 留学生と議論

今夏の参院選にも「18歳選挙権」が実現するのを機に、高校生や大学生が外国人留学生と政治参加について考える取り組みが各地で始まっている。専門家は、若者と政治を巡る海外の状況や互いの考え方の違いを共有することで主権者意識が高まると評価している。（山田睦子）

18歳

福岡市の西南学院大学で3月下旬、高校生を招いて英語を学ぶイベントがあり、同大の外国人留学生12人と、九州や中国地方の高校2年生（現3年生）35人ら計53人が「18歳選挙権」を考える1泊2日の合宿に参加した。日本での選挙権年齢の引き下げについて、自分の意見とは関係なく「賛成派」3班と「反対派」3班に分かれ、どのような主張をするか英語で話し合った。

「賛成派」の男子高校生(17)が「反対派は、18～19歳は未熟だと主張するのでは」と指摘すると、米国出身の[redacted]さん(23)は「未熟と言えるかな？　アメリカでは18歳から投票できる」と反論。ドイツ人留学生も「ドイツでも18歳よ」と同調した。

選挙権年齢は世界の9割近い国々が18歳以上。参加者は議論を通じ、互いの国の状況について理解を深めた。

意見共有し高まる意識

発表では、賛成派が「教育や雇用の問題に若者の声が届けられる」などと主張。反対派は「高校生は勉強などで忙しく選挙について考えられない」と述べた。同大の学長らによる審査の結果、「発表に説得力があった」と評価された賛成派の班が優勝した。

参加した久留米信愛女学院高校（福岡県久留米市）の[redacted]さん(17)は「インドの留学生から『インドでは政治の授業があって生徒同士が話し合い、考えを深める』と聞いた。先生が黒板に書いたことを写すような教育は変わる必要があると思った」と話した。

大阪市内では3月下旬、日本の高校生と、ドイツ、イタリア、中国などからの留学生らが18歳選挙権をテーマに英語で討論するシンポジウムがあった。周辺の公私立高校の生徒ら計約30人が参加。スイスの留学生が「スイス社会は移民との交流が少ない」という問題意識を語り、「若い世代の投票で状況を変えたい」と話す場面もあった。

一方、明治大学（東京）の鈴木賢志教授（政治社会学）(47)のゼミ生19人は昨年度、若者の投票率が8割を超すスウェーデンでの主権者教育に注目。同国に調査に行き、現地の若者と議論したり、鈴木教授が翻訳した同国の小学校社会科の教科書を読み込んだりして、日本との違いについて発表した。

スウェーデンの教科書は、民主主義や男女平等、家族観などの課題を示しながら、自分の意見を持たせようとする構成で、子どもたちがデモ行進する写真も載っている。ゼミで学び今春卒業した長谷川真梨子さん(22)は「スウェーデンで若者に『なぜ選挙に行くのか』と聞いたら、逆に『自分たちの意見を表明できるチャンスなのになぜ行かないの』と言われた。自分の意見が反映できる1票の重みを感じた」と振り返った。

主権者教育に詳しい[redacted]鳴門教育大学教授の話「自分たちが主役となり母国の社会を築くという意識を持ち行動している留学生は多い。交流は日本の若者が政治や社会参画について考え、意識を高めるきっかけになる」

読売新聞　2016年５月13日朝刊

書は、基礎学校の四～六年、つまり日本でいう小学校高学年を対象としたものです。

また、日本の小学校高学年の「社会科」は、地理や歴史に関する内容を多く含んでいますが、スウェーデンではそうした科目は「地理」や「歴史」として独立しており、この教科書にはそれらの内容は含まれていません。つまり、この「社会科」の教科書は、日本の中学校でいうところの「公民」、あるいは高校の「現代社会」や「政治経済」に当たる分野を対象としています。さらに、日本の小学校や中学校が「道徳」として扱うような内容にも触れています。

ちなみに、スウェーデンには教科書の検定制度も認定制度もありませんが、この教科書は、二〇一一年に改訂された最新の「教育指導要領（LGR11）」に準拠しています。何を隠そう、この教科書は「LGR11」の策定に深く携わった、スウェーデンの教育界における第一人者であるゴーラン・スバネリッド（Göran Svanelid）氏(1)によって書かれたものなのです。したがって、この教科書は、まさに現在のスウェーデンの教育を体現していると言えます。

ともあれ、本書が単にスウェーデンという遠い国の状況を知るためだけでなく、私たちが住むこの日本をより良い国にしていくために、いったい何ができるのかを考えるうえでのヒントとなれば幸いです。

---

(1)　スバネリッド氏は、「分析力」「伝達力」「情報収集力」「理解力」「メタ認知能力」の五つが、社会科教育において習得すべき能力であると提唱し、これらを「ビッグ5」と名付けたことがよく知られています。

もくじ

第1章　社会――3

第2章 メディア　25

第3章　個人と集団

第5章　政治

訳者による総括

スウェーデンの小学校社会科の教科書を読む——日本の大学生は何を感じたのか

凡例

・本書の主要部分は、スウェーデンの小学校高学年（基礎学校第四〜第六学年）向けの社会科教科書である Göran Svanelid 著「Upptäck Samhälle」の翻訳で構成されている。ただし、適宜抜粋しており、全訳ではない。

・原書には多くの写真やイラストが掲載されているが、本書ではそのなかから必要最小限のもののみを転載した。また、原書には掲載されていないが、内容の説明に適した写真を適宜掲載した。

・本書に登場する一九名の日本人学生は、二〇一一年または二〇一二年より二〇一六年まで明治大学国際日本学部に在籍し、二〇一三年または二〇一四年より二年間、鈴木賢志ゼミに所属した者たちである。

第1章

社会

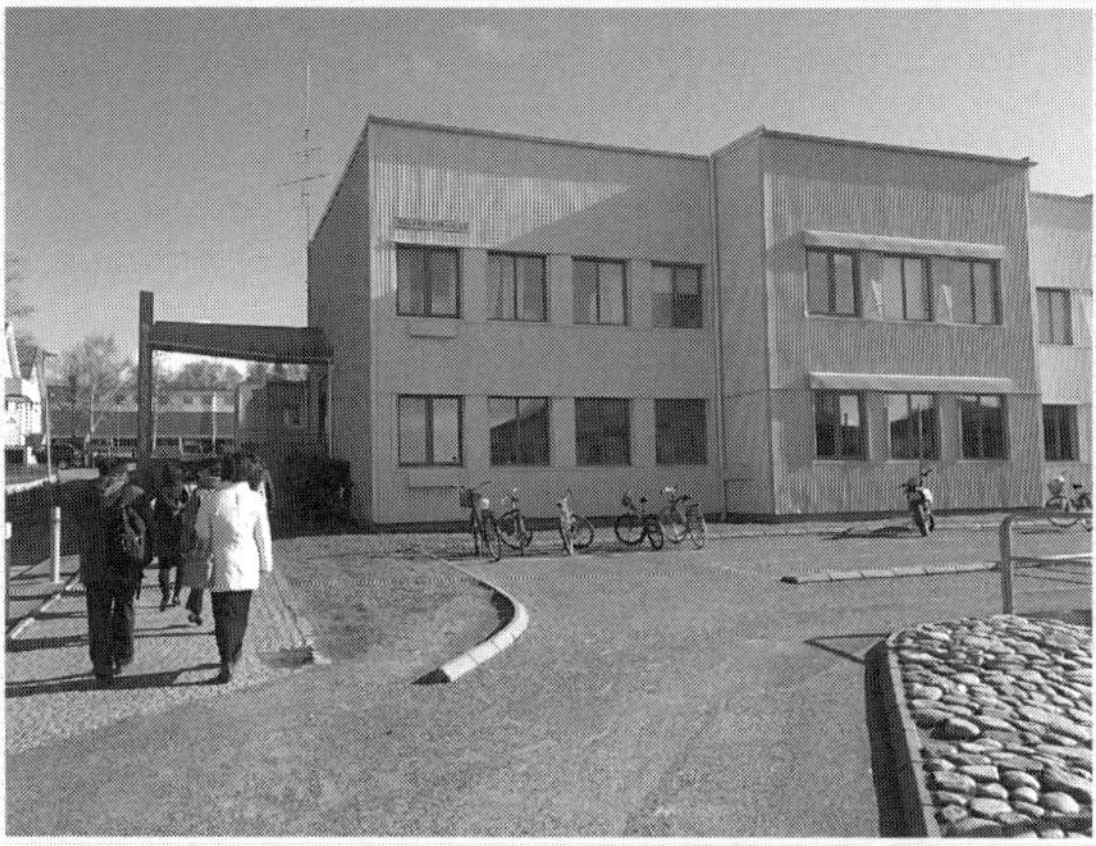

ホーラベックススコーラン、クングスバッカ市
（Hålabäcksskolan, Kungsbacka）（写真提供：林寛平）

本章には、本文全体のイントロダクションとして、「社会とは何か」、「社会は何で構成されているのか」、「社会にはどのような問題があるのか」、そして、それについてどのように考えていけばよいのかということについて、総論として記されています。

ここからは、教科書のなかで重要と思われる部分を翻訳し、それに対する日本の大学生たちの感想を記していくという形で進めていきます。また、各章の最後において、訳者の「総括」をさせていただきます。

社会を発見する

社会とは何かということを、あなたは深く考えたことがあるでしょうか。どのように答えるべきか、少し考えてみましょう。

それから、社会とは何か、また社会がどのように成り立っているかについて、同じような考えをもっているかどうかを、クラスの友達と確かめてみましょう。おそらく、実際に目に見えるものが頭に浮かぶことでしょう。でも、社会には目に見えないものもあります。たとえば、法律、男女の役割、男女平等、民主制、そして税金などです。これらは、社会にあるものですが目には見えません。

みなさんも思いついたかもしれませんが、目に見えるものの例としては、学校や病院、道路、家、車、牢屋などがあります。これらも、もちろん社会の重要な一部です。私たち人間もそうです！

わずか一〇〇年の間に、多くのことが起こりました。今日、私たちの大多数が町の中、あるいはその近くに住んでいます。スウェーデンの大都市にはとても多くの人が住んでおり、彼らには毎日、新しい出会いがあります。

山室実優　社会とは何かなんて、考えたことある？

坂本雅俊　考えたことないなぁー。

藤崎理恵　少なくとも、小学生では考えないよね。科目の名前としてしか考えていなかったかもしれない。

山室　学校や病院は分かるけど、家、車、牢屋なんて、小さいものまで社会の例として挙がっているのにびっくりした！

山室実優さん

坂本 社会を、目に見えるものと、目に見えないものとに分けて考えるというのも面白いよ。
藤崎 日本とスウェーデンとでは、どうやら「社会」のとらえ方が違うみたいだね。

私たちはお互いを必要としています

私たちは、なぜ社会に生きているのでしょうか。この問いについて深く考えている人は、そう多くありません。この問いに答えるのは少し難しいのですが、三つの答えが考えられます。

私たちが社会に生きているのは……

自分を守るため。私たちは社会に生きることで、ほかの人の助けを得ることができます。それは、アリがアリの社会で生きているのと同じようなものです。私たちも、アリたちも、単独では何もできません。私たち人間は、生存の可能性を高めるために社会をつくってきたのです。**人間は社会的存在だから。**私たちは、ときどき一人になりたくなるとはいえ、みんなで一緒にいると幸せです。私たちは、基本的にほかの人々と一緒にいたいのです。**私たちはほかの人々と一緒にいると、一人でいるときよりも多くのことを学べます。**社会には、小さな村から国、あるいはヨーロッパ社会までさまざまあります。これらすべてに共通していることは、そこに生きる人々が協力し合い、何らかの法律や規則、規範に従っているということです。

〈考えよう！〉

・もし、社会に就学前学校がなかったら、誰が子どもの世話をしてくれるでしょうか。

坂本　この部分について、日本ではどのように教えているんだろうか？

山室　人と協力しないといけない、とは教えられたけど、それが自分を守るためとかにはつながらないよね。社会科で扱う内容ではないんじゃないの。

藤崎　道徳の授業で扱う内容に近いように思うよね。

山室　「考えよう！」のところは、日本だったら母親やおじいさん、おばあさんが世話をするのが当たり前と思ってしまうから、わ

坂本雅俊さん

ざわざこんな風には考えないよね。

藤崎　こういうところにも男女平等の精神が表れているところが、スウェーデンらしいと思うわ。

私たちは、法律、規則、規範に従います

私たちはみな社会の一部でしかなく、いつも自分がやりたいようにやれるわけではありません。私たちは、たとえば、学校のそばでは車のスピードを上げすぎてはならないといった法律に従わなければなりません。また、サッカーしているときには手でボールを持ってはいけないという規則もあります。私たちはまた、自分が知っている人に会ったときには、挨拶をするといったさまざまな規範に従っています。

このことは、私たちに安心感を与えています。他人が私たちに何をするかを予測することができますし、他人も、自分が何をするかを予測することができます。

法律や規則は変わる

すべての社会は変化します。それは、社会のなかに存在する小さな集団に影響を与えるだけの小さな変化かもしれません。たとえば、あなたの住んでいる場所に新しい交通標識が付けら

れるかもしれません。

　もっと大きな変化によって、社会の多くの人々に影響を与えることもあります。たとえば、国会が選挙権を一八歳から一六歳に引き下げるとか、すべての生徒が一年生から修了証を得なくてはならない、といったことです。

　規範が変わることもあります。今から一〇〇年前までは、年長の人に挨拶をするときには、女の子はひざを曲げ、男の子はおじぎをするというのが普通でした。また今は、家の中で帽子をかぶってもよいことになっていますが、あなた方のご両親が生徒であったころにはまったく考え

髪型やファッションを変えて、規範を打ち破る
Illustrations by Carolina Ståhlberg © Carolina Ståhlberg
（著作権代理：株式会社フランス著作権事務所）

られないことでした。

たとえば、髪型やファッションを変えて規範を打ち破ってやろうとするなら、それを何度も繰り返しているうちに、それでいいのではないかと思われるようになるかもしれません。

藤崎理恵さん

藤崎　ここは、すごく特徴的だよね！
山室　法律や規則は変わるって、言い切っているのがすごい！
坂本　日本だったら、周りと違うことをすると嫌がられるし、「規則は守りましょう」って厳しく言われると思う。
藤崎　法律や規則について、それ自体が正しいか妥当かなどと、あまり考えたことがないというのが正直なところだよね。
山室　スウェーデンでは、違うと思ったら変えていくのが当たり前なのかな？
坂本　今ある決まりは絶対じゃないっていう考え方は、日本とスウェーデンの大きな違いなのかもしれない。

社会科では、みなさんはどのように考えていけばよいのでしょうか?

社会科を勉強するときには、次に挙げるいくつかの方法で考えていくようにするとよいでしょう。

原因は何か

その問題が起こった原因について、じっくりと考えてみましょう。もっともありふれた方法は、「なぜなのか?」という質問を立てることです。その原因を、すべて「推測」によって突き止めることもよくあります。みなさんは、おそらく交通事故がどんな原因によって起こるのか、例を挙げることができると思います。

どのような結果になるか

結果がどうなるかについて、じっくりと考えてみましょう。もっともありふれた方法は、「それがどんな結果につながるのか?」という質問を立てることです。みなさんは、交通事故に遭ったら、その後に何が起こるかを推測することができます。

比較する

さまざまな比較もしてみましょう。昔はどうなっていたのでしょうか？　世界の反対側はどうなっているのでしょうか？　似ている点、違っている点はありますか？

別のやり方があるでしょうか？

たとえば、交通事故について、「どうすれば交通事故という危険を減らすことができるか」といった質問を立ててみて、さまざまな問題についての解決策をじっくりと考えてみましょう。

解決策を評価する

そして、さまざまな解決策について、その利点と欠点を考えてみましょう。たとえば、道路に自転車専用道を設けることには、どのような利点と欠点があるでしょうか？　また、どの解決策がよいのか、それとも悪いのかを評価してみましょう。

関連性を示して説明する

さまざまな関連性を示して説明してみましょう。たとえば、交通に関しての問題であれば、運転速度と交通事故の危険性との間にはどのような関連性があるでしょうか。

原因　地域に多くの人が引っ越してきて、道路に車の数が増えました。
社会問題　子どもたちが、通学で車道を渡るときに怖くなりました。
結果　学校に遅れないように急いでいた少年が車に轢かれました。
解決策　横断歩道に信号機を付けることができます。
新しい結果　子どもたちは安全に渡れるようになりますが、車の走行が遅くなり、渋滞を招くでしょう。

山室　小学生でこれを学ぶの！　すごいねー。
坂本　どのような結果になるかまでは考えたとしても、昔と今を比較したり、解決策を評価することまではしないよな。
藤崎　日本だと、大学で学ぶくらいの内容だよね。日本の社会科の授業は、教えられたことをただ覚えるというのが中心だったし……。
山室　日本の教科書では「正しい」とされる答えが決まっていて、それを暗記するだけだったけど、スウェーデンの教科書では、それが正しいかどうかを考えさせるという感じがするね。

二〇〇年前のスウェーデン

二〇〇年前、一八〇〇年代のスウェーデンがどのようなものであったかを見てみましょう。スウェーデン人の多くは、数百人単位の小さな村に住んでいました。ストックホルムには七万五〇〇〇人しか住んでいませんでした。今では、その一五倍もの人々が私たちの首都に住んでいます。

大家族が小さな家に住んでいました

昔の家は小さく、木で造られていました。家と家の間や近所の村までは、狭くて曲がりくねった砂利道が通っていました。村の人々は、お粥やイチゴ類、魚、塩漬けの豚肉をよく食べていました。お金は使われていましたが、多くの人々は必要なものは自分でつくるか、物々交換をしていました。

昔は、就学前学校も、学童保育も、お年寄りのための施

ガムラスタンの古い街並み（写真提供：林伶奈）

設もありませんでした。二〇〇年前には、子どもは学校に行かなくてはならないという法律さえもなかったのです。

子どもは、小さな村の社会で生きていけるようになるために学ぶ必要がありました。彼らは大人と一緒にいながら、さまざまなことを学んだのです。

誰も休みを取りませんでした

二〇〇年前の子どもたちが夢見た旅行で、もっとも長かったのは、近所の村に行くことでした。道は悪く、車もありませんでした。当時のお父さんお母さんたちには、お休みの日がまったくありませんでした。大人が二週間のお休みを取る権利を得られるまでに、それから一五〇年もかかっています。

多くの人々が貧しかったのです

就学前学校も学校もなかったり、道が悪かったり、誰もお休みを取れなかった原因としては、スウェーデンが二〇〇年前にはとても貧しかったことが挙げられます。生きるために食べ物を恵んでもらわなくてはならない人も珍しいことではありませんでした。多くの人は五〇歳までしか生きられませんでした。今日、スウェーデン人の平均寿命はおよそ八一歳となっています。

民主制の国ではありませんでした

昔は、さまざまなことが今とはまったく違っていました。教会とキリスト教が、人々の日常生活で大きな役割を果たしました。二〇〇年前には、日曜日になると教会の椅子は満席となっていました。

ラジオもテレビもありませんでした。何か重要なことが起こると、人々はそれを教会で聞いたのです。牧師様は、王様についての話をしていたことでしょう。王様は、もっと昔に比べると権力が弱くなっていたかもしれませんが、それでもなお、スウェーデンという国をどのように治めるかの決定権をもっていました。

二〇〇年前、スウェーデンは民主制の国ではありませんでした。王様が国民に権力を受けわたし、二一歳以上のスウェーデン人が政治に関する選挙で投票権を得るまで、それから一〇〇年以上もかかりました。女性も男性も、選挙で投票できるようになったのは一九二一年のことでした。

男女普通選挙が開始された年

スウェーデン	1921年
ノルウェー	1913年
フィンランド	1906年
スイス	1971年

坂本　ここでは、スウェーデンの歴史について触れているよ。

山室　就学前校、児童保育、お年寄りのため施設、お休み……いかにも福祉国家らしい言葉が並んでいるね。

藤崎　「法律や規則は変わる」のところでも書いてあったけど、社会は変化するってことを、昔と比べることで教えているみたいだね。

坂本　男女普通選挙が開始された年だけど、決してスウェーデンは早くなかったんだ。

山室　日本よりは二〇年以上早いけどね。ところで、何で北欧じゃないスイスが入っているの？

藤崎　北欧のなかではスウェーデンは遅かったから、それよりもずっと遅い国があることを示したかったんじゃない。（笑）

山室　先進的なイメージのスウェーデンも、昔から何でも進んでいたわけじゃないということね。

坂本　これも、「社会は変化する」ってことなのかもしれない。

今のほうが、昔よりもずっとよいのでしょうか？

さて、村社会を離れて、現在の社会を見てみましょう。昔と今とでは、あまり似ているところがありません。スウェーデンは、まだいろいろな点でキリスト教の国です。古い教会がたくさん残っています。しかし、今日では、あまり多くのスウェーデン人が教会には行きません。

私たちには王様がいます。しかし、今の王様は、スウェーデンをどのように治めるのかについて何の権力もありません。

以下は、この二〇〇年間で変わったことです。

• スウェーデンには、もはや飢えで死ぬ人はいません。しかし世界には、戦争や飢え、貧しさのなかで暮らしている人が多くいることを、私たちは知っています。

• 今日、農家として働く人はあまり多くありません。私たちの大多数は田舎ではなく、町の近くに暮らしています。

• 今日では、昔ならそれで死んでいたような、さまざまな病気を治せるようになりました。今では、多くの薬とワクチンがあります。

• 昔は、給料がとても安かったかもしれませんが、ほとんどすべての人が仕事をしていました。失業者の数は、今のほうが多いです。

• 昔は、物事のペースがゆっくりしていて、ストレスという言葉がありませんでした。地球の気候や、湖や海の汚染を心配している人は誰もいませんでした。農地の収穫が十分か、冬の間の食料が足りるか、といったことを心配していました。

今日の社会と二〇〇年前の社会を比べて、どこが良くなり、どこが悪くなったかを述べてみましょう。

坂本　二〇〇年間で変わったことを、良いほうを言ってから悪いほうを言うというのが面白い。
藤崎　「今のほうが良い」って、言い切らないところが凄いよね。
山室　日本だったら、「昔はこうだったけど、今はこうなって良くなった！」って、ポジティブな表現を使いそうだよね。あえて悪いほうを後で言うことで、多面的な見方や考え方を身に着けさせようとしているのかもしれないね。
藤崎　それにしても、小学生の教科書で「失業者」とか「ストレス」という言葉が出てくるのは驚きだよね。小学生のとき、「失業」とか知ってた？
坂本　どうだろ？　言葉は知っていても、自分には関係ないって思っていたね。
山室　スウェーデンの失業率は日本の約二倍だというから、その分だけ身近なことなのかもしれないんじゃない。

まとめ

❶もう一度考えてみましょう。社会とは何でしょうか？
❷人々が社会で一緒に住むことの利点と欠点は何でしょうか？
❸あなたは、過去二〇〇年に起こった最大の変化は何だと思いますか？　また、なぜそう思い

ますか？

❹以下の言葉を使って、何か自分の意見を書いてみましょう。

・社会　・法律　・権力　・変化

山室　この章は、教科書全体のガイドランなんだ。これから学ぶことの目的や目標がまとめられているという印象なのかな。

藤崎　社会の教科書なのに、考えさせたり、道徳っぽい内容が入っていたり、日本の社会科の教科書とは全然違うよね。

坂本　日本では、「社会科」を学ぶことは知識を取り入れることだけど、スウェーデンではただ学ぶだけじゃなく、論理的な思考力を鍛えることにもつながっているという感じがする。

山室　日本の場合は、年号や国会議員の人数を覚えさせられることが多いけれど、そういうのは日常にかかわりのないことだから若者は政治に関心をもたなくなるのかな？　それに対して、スウェーデンの場合はより身近なテーマから入って、それに対する自分の意見をもたせているから興味をもちやすいのかもしれないね。

訳者による総括

スウェーデンの教科書は、まず「社会を構成する要素とは具体的に何か」という、私たち日本人が普段あまり考えないような問いを投げ掛けてきます。しかも、その答えとしてまず挙げられたのが、「法律、男女の役割、男女平等、民主制、そして税金」といったものです。もちろん、これらは例を示しているにすぎませんし、スウェーデンの教科書でも、その後に「学校や病院、道路」など、小学生にとってはより分かりやすい、目に見えるものを挙げています。

ところで、「民主制が社会を構成している」ということを理解できている日本の小学生は、いったいどのくらいいるのでしょうか。あるいは「社会の構成要素を挙げてください」と問われて、「民主制」を挙げる日本人がいったいどのくらいいるのでしょうか。

そもそも日本人は、社会科にかぎらず、学校で教わっていることが一般の生活に役立つ知識であるという意識があまり高くありません。学校で教わるのは高校や大学の入試に出る内容であって、勉強する理由は、いい高校やいい大学に入るためになってしまっているようです。

図表1－1は、そんなスウェーデンと日本のギャップを端的に示しています。これは、一般的・基礎的知識を身に着けるうえで、学校に通う意義があった（ある）と思うかを若者たちに尋ねた回答の結果です。これによると、スウェーデンと日本では、「意義がある（あった）」と回答

図表1－1　一般的・基礎的知識を身に付ける上で、
学校に通う意義があった（ある）と思う

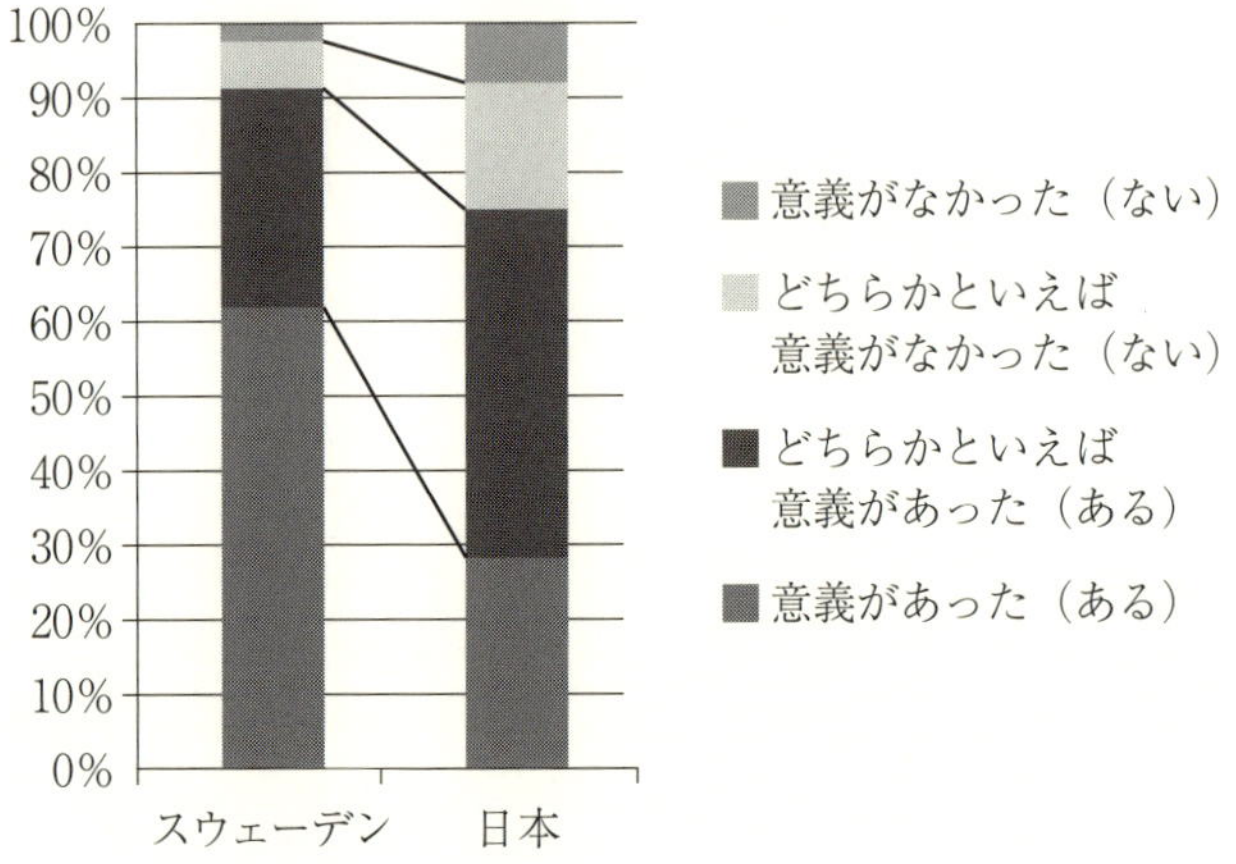

注：わからない、無回答を除く。
出所：内閣府『平成25年度我が国と諸外国の若者の意識に関する調査』2014年。

した若者の割合に大きな差があることが明白となっています。

スウェーデン人と日本人の「意識ギャップ」としてもう一つ取り上げておきたいのが、「法律や規則は変わる」という部分です。日本では、法律や規則は守るべきものであるということに異論を唱えることはなく、その内容を覚え、正しく覚えたかどうかをテストで問われるということが、小学校はおろか中学、高校、大学受験まで続けられています。一方、スウェーデンの教科書では、今ある決まりは絶対ではない、古い考えに縛られることはない、ということが強調されています。

スウェーデンの教科書には、金髪の派

手な女の子のイラストがあり、その下に「たとえば髪型やファッションを変えて、規範を打ち破ってやろうとするなら、それを何度も繰り返しているうちに、それでいいのではないかと思われるようになるかもしれません」という解説が添えられているのです。

このような記述からしても、スウェーデンの社会科の教科書は、「覚えよう」ではなく「考えよう」という学習スタイルがとられていることが分かります。もちろん、日本でも単なる暗記ではなく、考えることが重要であることが近年は重視されてきていますが、「どう考えたか」よりも「何を覚えたか」を問うほうがテストをつくる側は出題しやすいですし、テストを受ける側も対策をしやすい（点数を稼げる）というのが現状でしょう。その結果、勉強がどうしても「暗記」に傾いてしまいます。

スウェーデンの教科書は、そんな日本のやり方を真っ向から吹き飛ばしています。「社会科では、みなさんはどのように考えていけばよいのでしょうか?」に示されている、原因の分析、結果の想定、比較、代替案の検討、解決策の評価、他の事象との関連性の発見という一連の思考の流れは、それこそ日本では、大学生が初めて教わるような内容といっても過言ではないでしょう。

歴史の捉え方も単純ではありません。私たちは、ややもすれば社会は時間の経過とともに発展していくと考えがちですが、スウェーデンの教科書はそのような考え方を許しません。確かに給料はよくなっているが、昔は失業やストレスの問題はなかったとか、バランスの取れた考え方を小学生のうちから学ばせていきます。しかも、そこで一方的にどちらが良いという答えを押し付けるのではなく、その答えを自分自身で見つけるように促すわけです。

もちろん、教育を通じて多くの知識を身に着けていくという日本式の学習スタイルが、必ずしも悪いとは言い切れません。ですから、「スウェーデンと日本の教育はどちらが優れているのか？」という問いには、簡単に答えることはできません。しかしながら、「若者の社会・政治参加を促す教育はどちらか？」と問われれば、やはりスウェーデンと言わざるを得ないでしょう。

衆議院には議員が何人いるのか、日本国憲法はいつ公布されたのか、といった知識に意味がないというつもりはありませんが、それを知っている人が増えたから投票率が上がるというものでもないでしょう。

政治や社会の問題には、しばしば絶対的な答えがありません。常に正答が与えられるテスト対策を優先する日本の教育においては、生じている問題の解決策を探る能力を高めることはできません。自ら問題を分析し、その解決方法を導く能力を身に着けさせるという教育を行っているスウェーデンでは、より自信をもって、積極的に政治や社会に参加する若者が育っているようです。

第2章

メディア

ドロットニング通り（写真提供：村松杏花）

第1章の「総論」に続く第2章のテーマが「メディア」であるというのは、スウェーデン人が、情報の発信手段であり受信手段であるメディアをいかに大切に考えているかを端的に表していると言えます。

本章では、現代の人々の生活が、情報の発信と受信なしでは成り立たない情報社会であることをまず示し、そのうえでテレビからソーシャルメディアに至るさまざまなメディアについて、その利便性と注意すべき点が的確に示されています。

さらに内容は、「民主制、独裁制におけるメディア」と続きます。わが国でも、表現の自由や「知る権利」は民主化における基本的な権利としてしばしば論じられています。しかし、たとえ日本の小学校で「メディア」を扱ったとしても、おそらくはこのように政治体制と直接結び付けて教えられることは、まずないと思います。

そして最後には、さまざまなメディアを通じて得た資料を批判的に読むことの大切さと、その具体的な方法について述べています。これらの内容は、小学生にかぎらず、私たち日本人にとってはとても「耳の痛い」内容かもしれません。

今日では、誰でもニュースを流すことができます。ケータイなどで写真を撮り、コメントを書き込む。ほんの数分で、自分の友達をはじめとした多くの人にニュースを広めることができます。そのニュースが良いものであれば、ほんの数時間後、何千もの人々に届くことになるかもしれません。
メディアは情報を発信し、意見を述べ、私たちが何を考え、何をするのか、そして私たちが何を買うのかにまで影響を与えます。

神谷里菜　「誰でもニュースを流すことができます」という書き出しではじまっていて、「発信する側」の視点からメディアを教えようとしているところが凄い。

春花紗月　確かに、そうだよね。自分でニュースを広めているつもりはないんだけど、何か自分から発信したことある？

川田美緒　うーん。ニュースといえばテレビの報道番組ってイメージだったから、意識したことがなかったけど、ツイッターやフェイスブックもメディアになるから、私たちも普段からニュースを発信しているということになるよね。

神谷里菜さん

情報社会

今、私たちが暮らしている社会は「情報社会」と呼ばれています。私たちは、本や新聞、テレビ、そしてインターネットを一度クリックするだけで、周囲からさまざまな知識を得ることができます。

社会で人がうまく暮らしていくために、読み・書き・計算さえできればよかった時代は、それほど昔のことではありません。しかし今日では、さらにどこで情報を見つけるかという方法を知っており、その何が真実で、何が嘘かを評価できるようにならなくてはなりません。

大ニュースとは何でしょうか?

毎日、世界では何百万件もの事件が起こっています。先週の、あなた自身のことを考えてみましょう。少なくとも、地方新聞のニュースになってもよさそうな出来事が何かありませんでしたか?

ニュースになるには、「普通でないこと」が条件になります。もし、あなたが犬にかまれても、誰も興味をもたないでしょう。でも、もしあなたが犬をかんだらニュースになる可能性は高くなります。

ニュースとして扱われるには、次の条件を満たす必要があります。

❶あるニュースが重要であるとされるのは、その出来事がスウェーデンもしくは私たちとの関係の深い国で起こったときです。たとえば、スコーネ地方の嵐で多くの家が壊れたというニュースは、インドの洪水でもっと多くの人々が被害に遭ったというニュースよりも大きく扱われます。

❷あるニュースが高い価値をもつのは、そこに、普通ではないことや驚くようなことが含まれている場合です。有名人に起こった出来事のほうが、それ以外の人たちに起こった出来事よりもニュースとしての価値が高くなります。もし、某政党の党首が車でスピード違反をすれば、一般的な教師が同じ罪を犯すよりも必ず大きなニュースになります。

〈考えよう！〉

・今週起こった大きなニュースを取り上げて、それらが上記の二つの条件を満たしているかどうかについて考えてみましょう。

川田　最後に、「今週起こった大きなニュースを取り上げて」とあるけど、スウェーデンでは、小学生のころから毎日ニュースを見るという習慣があるのかな？

神谷　どうなんだろう？　そうとも考えられるし、この授業を通して子どもたちがニュースやメディアに触れる機会を増やそうっていう狙いもあるのかもしれないね。

私たちは、インターネットを使いすぎているのでしょうか？

今日、九歳から一六歳のスウェーデンの生徒のうち、一〇人中およそ九人は毎日インターネットを利用しています。スウェーデンの若者ほどコンピュータとインターネットを使っている国はほかにありません。

コンピュータとケータイは素晴らしい道具です。しかし、インターネットを使いすぎるのには危険性もあります。それは、ずっと座ったまま快適に過ごし、あまりお互い「IRL（リアル）」に会わなくなってしまうことです。

おそらくあなたは、終わりのない会話にずっと参加していなくてはいけないという気分になっているでしょう。あなたは、自分や友達、その他自分が大事だと思っていることに関係していることを見逃したくないのでしょう。

そして、何も見逃すことがないように、誰かが写真をアップしたり、新しいメッセージやコメントを書いたときにケータイが「ピッ」と鳴るように設定しているわけです。

〈考えよう！〉
・リアルに会うことには、どのような利点がありますか？
・その代わりにケータイで交信することには、どのような利点がありますか？
・あなたが、ケータイではできないことを挙げてみましょう。

春花　教科書では、インターネットを使いすぎかどうかという問題提起をしているね。

川田　お互いリアルに会うことが少なくなってしまったり、何も見逃さないようにケータイの通知を「オン」にしたり……のところだよね。

神谷　確かに、ツイッターとかでやり取りが続くと、誰がいつ終わりにするか分からないからケータイに釘付けとなってしまうことが多いよね。

春花　会って話さないと、お互いの表情とかは

春花紗月さん

分からないよね。日本もスウェーデンも、若者のネット依存について抱えている問題は同じなのかもしれないね。

川田　そうだよね。とくにスウェーデンは、他国に比べても若者のインターネット利用率が高いみたいだから、インターネットの利便性だけではなくて、その危険性についても子どもたちと一緒に考えていこうという姿勢が感じられるね。

民主制の道具

ソーシャルメディアは、友達とどこで何をしているかについて連絡を取り合うときにもっともよく使われています。それだけではなく、ソーシャルメディアは、スウェーデン、そして世界中の権力者に影響を与えるために使うこともできます。ツィッターのコメントが何千もの人々に広まり、最終的に権力者に影響を与えるのです。

そこで、あなた自身がソーシャルメディアで意見を述べて、ほかの人々に影響を与えることを考えてみましょう。ただし、あなたがコメントしたり、何かを書き込んだりする前にしっかりと考えましょう！

あなたの意見が多くの人々に急速に広がるわけですから、あとからそれを取り消すことはとても難しくなります。また、はっきりと表現しなければ誤解されることもあります。

春花　ここでは、ただ友達同士や仲間うちで自分の意見を発信するだけじゃなくて、ソーシャルメディアは「民主制の道具」なのであって、「世界中の権力者に影響を与えるために使うこともできます」と言っているよね。すごく政治的で、日本ではあまり浸透していない考え方だなーと思ってしまったわ。

川田　一度インターネット上に投稿されたものは取り消すことが難しいし、書き方によっては誤解を招くこともあるよね。だからこそ、使用を禁止するのではなくて、「しっかりと考えて使おう」と注意するところも日本とは違う感じがするね。

神谷　本当にそうだよね。「危ないからやめましょう！」って教えるよりも、起こり得る危険性や、それに対する対処法を学ぶほうが確かに役に立つよね。

川田美緒さん

フェイスブック――マーク・ザッカーバーグ(1)が二〇〇四年に立ち上げました。自分が何をし、思い、考えているのか、またどこにいるのかについて話すソーシャルネットワークです。フェイスブックは、たとえば私たちがレストランで食事をするとか、店で買い物をするとかの話をすることで、広告としての役割も果たしています。ほかの人々は、あなたがそこに行って、企業の宣伝をしていると見るわけです。フェイスブックの年齢制限は一三歳です。

ツイッター――自分が何をするとか、どう思ったかを、短いメッセージで残す小さなブログのことです。ツイッターは、ほかの利用者のうち、自分が興味あるとか、知っている人をフォローすることができます。一般的なニュースは、このツイッターによって急速に広まります。

インスタグラム――ツイッターに似ていますが、これは写真をアップロードしてほかのネットワークに広めることができるウェブサイトです。あなたはどの人をフォローしたいかを選び、その人がアップロードしている写真を見ることができます。インスタグラムは、フェイスブックが所有しています。インスタグラムの年齢制限は一三歳です。

〈考えよう!〉

- ソーシャルネットワークは、すべて企業です。これらの企業は、どうやって収入を得ているのでしょうか?

・インスタグラムとフェイスブックの年齢制限は一三歳です。あなたは、なぜ一三歳が年齢制限として設定されたと思いますか？

神谷　フェイスブック、ツィッター、インスタグラムの違いを挙げて、自分が発信する側になったときに他人に影響を与えてしまう怖さを、利用できる年齢の前に教わるというのは凄くよいことだよね。

春花　同感！　今、日本の小学校の社会科の教科書をのぞいてみたけれど、これについて具体的なことは書かれていなかったよ。

川田　スウェーデンの子どもだけじゃなくて、日本の子どもも私たちが小学生だったときよりは確実にメディアに触れる機会が多くなっているだろうから、スウェーデンのように使い方をちゃんと教える必要があるんじゃない。

（1）（Mark Elliot Zuckerberg, 1984〜）アメリカのプログラマーであり実業家。ハーバード大学に在籍中、「Facebook」を開設した。

民主制におけるメディアの役割

スウェーデンは民主制です。民主制では、人は自分の思ったことを述べる権利があります。人は、ほとんどすべてのことについて、いかなる意見でももつ権利があります。メディアは、民主制において重要な役割を担っています。メディアは社会の権力者を制限し、うまくいっていないことがあれば、そのことを知らせています。

スウェーデンでは、民主制を守るための法律がいくつかあります。これらのうち、四つの法律は「スウェーデンの憲法」と呼ばれています。そのうち二つは、メディアに関連したものとなっています。

スウェーデンの憲法

スウェーデンにおいて、もっとも重要な四つの法律は以下の通りです。

- スウェーデンという国がどのように運営されていくかを扱う行政組織法
- 出版の自由に関する規則
- 表現の自由に関する法
- 誰がスウェーデンの王もしくは女王になるかについて定める王位継承規則

思想と表現の自由

憲法の一つは「出版の自由」に関する規則です。これは一七六六年に制定され、世界最古の憲法とされています。この法は、国家が検閲によって新聞の発行を妨げてはならないことを保障しています。

もう一つの憲法は「表現の自由」に関するもので、これもほぼ同じ内容のものが含まれています。この二つの法の違いは、出版の自由に関する規則が「新聞の発行」を扱い、表現の自由に関する法が、ラジオやテレビなどをはじめとしたすべてのメディアを扱っているという点にあります。

つまり、スウェーデンには、「出版の自由」と「思想の自由」の両方があるということです。たとえば、スウェーデンの王や首相について批判的な記事を書いたり、何か好ましくないことを言ったとしても、そのことを理由にして、拘束されたり、罰金を払ったりすることはないということです。

川田 スウェーデンの憲法である四つの基本法のうち、二つは情報に関するものなんだ。情報の扱い方そのものが、日本よりもずっと重視されていることが分かるね。

春花　思想と表現の自由にもメディアは含まれていることを教えているし、全体的に教科書の内容のレベルが高いことが分かるね。

独裁制におけるメディア

あなたが、一人の独裁者によって運営されている国に住んでいると考えてみてください。そこでは、メディアはどのような役割を果たすでしょうか？

あなたも、ジャーナリストたちも、その国の権力者を批判しようとはしません。また、あなたは、権力者が閲覧を許したウェブサイトしか見ることができません。テレビには、独裁者が「見てもよい」と判断した番組しか流れていません。

独裁制では、人々は権力者について悪く言うことはありません。そんなことを言ったら、長く拘束されたり、最悪の場合は死刑にされたりするからです。

キューバやサウジアラビア、中国、北朝鮮などが、今日の独裁制の例となります。これらの国々では、メディアが社会を批判することはできません。

また独裁制では、人々がソーシャルメディアで都合のよくないことを言わないよう、権力者が監視も行っています。ただし、重要となる社会情報の流出を、政治家が止められないことも時々あります。その意味では、ソーシャルメディアは世界の向上に役立っていると言うことができます。

〈考えよう!〉

・ソーシャルメディアによって国をより民主的にするためには、どうすればよいでしょうか?

春花　「ソーシャルメディアによって国をより民主的にするためには、どうすればよいでしょうか?」という質問には、すごく驚いた。スウェーデンでは、小学生のころからこんなことを考えるんだ!　小さいころから政治が身近なものだということがよく分かるよね。

神谷　それに、「ソーシャルメディアは世界の向上に役立っている」とも書いてあるけど、日本では、ソーシャルメディアは若者が情報を受信して楽しむものといった考え方のほうが強いよね。危険性の潜むものでもあるし、日本の小学校の教科書でソーシャルメディアを用いて意見を発することを推奨することはまずないんじゃない?

川田　日本と違って、全体的にスウェーデンでは、「メディア＝受信するもの」ではなくて、「メディア＝発信するもの」と捉えている傾向が強く感じられるね。

民主制における制限

憲法はメディアにおける出版と思想の自由を守っていますが、スウェーデンには、公表してもよいものについての制限もあります。つまり、何を書いてよいのか、何を書いてはいけないのか、についての規則があるのです。以下に、新聞やネットで公表することが許されていないものの例を挙げておきます。

❶**集団に対する憎悪の宣伝（ヘイトスピーチ）**——たとえば、第二次世界大戦前後にナチスがユダヤ人に対して行ったような、ある集団が他の集団よりも劣ると主張することは犯罪となります。

❷**違法な暴力の描写**——たとえば、児童ポルノのような、性的な暴力を表す絵や写真を広めることは認められていません。

❸**中傷**——人々について、誤りのある重大な情報を広めることは禁止されています。たとえば、フェイスブックやインスタグラムで、無実の人が罪を犯したという評判を広めるといったことなどです。

❹**違法な脅迫**——真実が明らかにならないよう、人を脅迫して黙らせるという行為は法律で禁

止されています。

❺**扇動**——たとえば、警察に対して一斉に石を投げつけるように多くの人々にメールを送ったり、他人が罪を犯すようにそそのかそうとすることです。

❻**裁判における不正**——裁判で、証人が嘘をつくようにそそのかしたり、脅迫したりすることは禁止されています。

神谷　ここでは、何を書いていいのか／いけないのかについて触れられているよね。子どもたちに意見の発信を推奨しているからこそ、きちんと扱わないといけないことだからすごく大切だと思う。

春花　投稿の仕方によっては誤解を招くこともあるし、イジメにもつながってしまうことがあるよね。

川田　日本とスウェーデンが抱えている共通の問題と言えば、ネット上のイジメも当てはまるように思う。

神谷　利用できる前の年齢で教えるからこそ、投稿の良し悪しについて、判断を間違えないようにしているのかもしれないよ。

あなたも影響を与えることができる

メディアが、あなたやあなたの価値観、そしてあなたの意見に影響を与えるのと同じように、あなたも自分のためにメディアを利用することができます。

たとえば、学校のカフェや自由時間の遊び場が閉鎖されないように、あなたが誰かに影響を与えるためには「サポート」が必要です。そのような決定にうまく影響を与えるためには、なるべく多くの人々から賛同を得なくてはいけません。

小学生のデモ行進　ⓒTT News Agency／時事通信フォレスト

通例、このことを「世論を形成する」と言います。もし、あなたがオピニオンリーダーとなれれば、より多くの人々があなたの考えを支持するようになるでしょう。

以下に、あなたが世論を形成し、それによって決定に影響を与えるためのコツを示しておきます。

• あなたの友人や親類から、署名による支援を集めましょう。

・地方の新聞に投書しましょう。
・フェイスブックでグループをつくりましょう。
・人々を集めてデモを行いましょう。
・責任者の政治家に、直接連絡を取りましょう。

この若者たちは、社会の犯罪に対する世論を形成したいと考えています。

神谷　「権力者に影響を与える」に少し近いかもしれないけど、「人々を集めてデモを行いましょう」や「政治家に直接連絡を取りましょう」とまで書いてあって、正直なところすごく驚いた。

川田　日本では、「デモ」というとあまりよいイメージがないけど、スウェーデンだと、意見を発するための手段として社会認知されているのかな。

春花　デモに参加している若者の写真が教科書にも載っていたし、日本よりは普通のことなのかもしれないね。「世論を形成して決定に影響を与えるコツ」を示しているところが、すごくおもしろいよね。

川田　ここからも、政治家任せではなくて、自分の意見を発信して誰かに影響を与えることから、国民一人ひとりが政治に参加することができるんだというメッセージ性を感じてしまうわ。

なぜ、広告があるのでしょうか？

テレビや新聞、インターネット、郵便ポスト、バス、看板など、みなさんは毎日広告に出合っています。これは、テレビ局やソーシャルメディア、そして無料の新聞といったメディアに企業が広告を出してお金を支払っているからです。広告収入がなければ、これらのメディアは消えてしまいます。つまり、広告がメディアの存続という役割を果たしているということでもあります。

いつにおいても、広告の目的は、あなたに何かを買わせようとすることです。また、それがとてもうまくいっています。広告を通じて企業は自らの商標を知ってもらうほか、企業や商標についてよいイメージをもってもらいたいのです。

ある質問について、あなたの意見に影響を与えようとする明らかな目的をもって出される広告のことを「プロパガンダ」と呼びます。政党が選挙に関連して自分たちの意見を示している広告は、すべて「政治的なプロパガンダ」と言えます。

隠れた広告

みなさんは、一般的な広告を見るとすぐに気付くでしょうが、気が付かない広告もあります。

多くの映画やテレビの連続ドラマでは「隠れた広告」がされていますが、そのことについて考えたことがありますか？　「隠れた広告」というのは、映像のなかで使われている商品のことです。つまり、企業がお金を払って、彼らの商標を映画やテレビの連続ドラマに映しているということです。

映画の主人公が、ある車を運転したり、あるブランドの服を着ているのは、まったく偶然のことではありません。車や服をつくっている企業が、それらが映るようにお金を払っているのです。

すべての広告は、特定の集団をターゲットにしてつくられています。オモチャのカタログには、男の子向けのページと女の子向けのページがあります。この会社は、男の子向けと女の子向けの違いを、どのように考えているのでしょうか？

川田　「隠れた広告」という言葉を初めて聞いたけど、これは日本でも使われているよね！

春花　映画やドラマで服や鞄を見て、欲しいって思うこともよくあるよね。ただ、それに企業がお金を払っているというのは知らなかった！

神谷　あと、「オモチャのカタログには、男の子向けのページと女の子向けのページがあります」

って書いてあったけど、スウェーデンでも男女間に差があるの?って、ちょっと驚いた。

川田　私もそれは思った!　でも、「この会社は、男の子向けと女の子向けの違いを、どのように考えているのでしょうか?」という問題提起がされているので、小学校のころから男女平等について考える機会が与えられているんだ、とも感じたわ。

批判的に資料を読む——何が正しいことなのでしょうか?

みなさんは、おそらく学校の課題に使う情報を入手するために、インターネットのページを何度も探したことがあるでしょう。情報を集めるというのは、それほど難しいことではありません。一番大変なことは、利用可能な情報を選び出し、それを批判的に調査することです。

何が事実で、何が価値観であるかを区別することは大切です。「事実」とは、人が知っていることです。「価値観」とは、人が思うことです。しかし、価値観と事実の違いを見つけることは、難しい場合が多いのです。

資料を批判的に見るうえでの三つのアドバイス

さまざまな資料を批判的に見るのは簡単なことではありませんが、以下でそのためのアドバイスを紹介します。

その情報はどのくらい古いのか？――事実は変わることがあります。事実が本当に正しいかは、常に確認するようにしましょう。もっとも単純な方法は、二つまたはそれ以上の資料を比べて、それらの間に違いがないかを確かめることです。

誰が情報の送り手なのか？――その情報の背後に誰がいるのかを常に調べるようにしましょう。大きな百科事典に書いてあることと、個人が書き記したものとの間には、その信頼性において違いがあります。

その情報の目的は何か？――それは、事実を伝えようとしているのでしょうか、それとも広告によって何かを売ろうとしているのでしょうか。送り手のメッセージが何なのかを常に調べましょう。また、何らかのメッセージが隠れていないかどうかを考えましょう。

まとめ

❶メディアが自分たちにどのような影響を与えうるか、いくつか例を挙げてみましょう。
❷民主制におけるメディアの役割は、独裁制におけるメディアとどのように異なるでしょうか？
❸あなたが資料を批判的に見るとき、資料について気を付けなくてはならない三つの点とは何

でしょうか？

❹以下の言葉を使いながら、メディアについての意見をいくつか書いてみましょう。

・思想の自由／出版の自由　・民主制／独裁制　・広告　・資料に対する批判

春花　この教科書には、生徒に考えさせることが凄くたくさんあるよ。それが特徴的なところだね。

神谷　そうよね。そのなかには、答えのない質問が多いし。

川田　こうやって小さいころからいろんなことについて考えて、自分の意見を周りに発信することを頻繁に行っているんだ。

春花　もちろん、ほかにも理由はあると思うんだけど、スウェーデンの人が政治についての自分の意見を語り合うことが好きだったり、スウェーデンで若者の投票率が高かったりするのは、こういう習慣が関係しているのかもしれないね。

神谷　子どものころから考える力を養って、自分の意見を発信することの大切さや、その影響力を学んでいるからこそ、大人になってからも「今の政治をこう変えたい！」とか「こうしたらもっとよくなるのに！」とか考えるようになるんだ。そして、考えるだけじゃなくて、自分の意見を政治に反映させようという意識が芽生えるんじゃないかな。

川田　なるほど！　これはよく言われていることだけど、日本の教育はどちらかというと受け身型が多いよね。スウェーデンのように、もっと考える機会や発信する機会を増やすことで、政治への参加意欲をもった若者が増えるかもしれないと思う。

神谷　まさしく、だね！　メディアについての章だったけど、メディアに関連して政治や法律、社会のルールなどにも触れていて、小学生にとって身近なメディアやソーシャルメディアがそれらとどのようにかかわってくるかも、さりげなく学ばせているよね。

川田　小学校の教科書なのに、私たちも読んでいて学ぶことが多かった！

春花　ソーシャルメディアの使い方とか資料を批判的に読んで取捨選択していく方法、そしてメディアの正しい扱い方なんかは、日本の教科書でも取り扱ってほしい部分だよね。

神谷　ソーシャルメディアの与える影響力は、私たち学生も気を付けないといけないことだし、小さいころから教わるというのはいいよね。改めて、勉強になった！

訳者による総括

日本におけるメディアの技術水準は、スウェーデンと比べて決してひけを取っていません。インターネット普及率も、かつて日本はスウェーデンに大きく水をあけられていましたが、現在、とくに若い世代においてはまったく差がありません。そう考えれば、小学校においてメディアに関して教える内容は、日本もスウェーデンと同じかと思います。

確かに、情報社会、マスメディアの役割、テレビの歴史，言論の自由、インターネットの利便性や問題点といったことは、社会科の授業として教えるかどうかはともかく、日本の小学生も何らかの形で学んでいます。

しかし、スウェーデンの教科書はそれらに留まっていません。独裁制国家では政府がメディアを規制し、監視しているのに対して、民主制国家では人々が自分の意見を自由に発信できるとか、ソーシャルメディアが国をより民主的にするのに役立つと説明しています。また、メディアを用いてオピニオンリーダーとなることや、デモを起こすことを推奨するような記述もあります。日本の教科書では、想像もつかないことが書かれています。

スウェーデンの社会科の教科書のなかで、とくに重視されていることが「メディアは発信するためのものである」という点です。この意味は、本章が「今日では、誰でもニュースを流すことができます」という一文ではじまっていることに端的に表れています。

他方、日本でメディアと言えば、テレビの報道番組であったり、新聞であったり、どちらかと言えば情報収集のために利用する、いわば受信するための手段という認識のほうが強いように思われます。

たとえば、総務省が二〇一五年に実施した調査によると、「自ら情報発信することよりも他人の書き込み等を閲覧することの方が多い」が四三パーセント、「自らはほとんど情報発信せず、他人の書き込み等の閲覧しか行わない」が四一パーセントで、SNSを利用している人のうち、「自ら情報発信を積極的に行っている」と回答した人はわずか一五パーセントにすぎませんでした（**図表2‐1**参照）。

年代別に見ると、二〇歳代で「自ら情報発信を積極的に行っている」という人の割合は二一パーセントと若干高いのですが、それでも受信ツールとしての役割が圧倒的に上回っていることが分かります。

そのため、日本ではメディアの教育と言えばもっぱら「どうやって有害な情報から身を守るか」が重視されているように思われます。これに対して、スウェーデンの教科書では「どうやって有益な情報を発信できるか」が重視されています。そして、その先にあるのは、メディアが「民主制の道具」であるという発想です。

日本でも、ソーシャルメディアはスウェーデンに遅れることなく進んでいますし、ソーシャルメディアについてさまざまな議論がなされていますが、小学校の教科書には「ソーシャルメディアは世界の向上に役立っているということができます」などとは書いてないでしょう。彼我の差を感じざるを得ません。

図表２－１　SNS での情報発信経験

（単位：％）

	SNSを利用して自ら情報発信を積極的に行っている	SNSを利用しているが、自ら情報発信することよりも他人の書き込み等を閲覧することの方が多い	SNSを利用しているが、自らはほとんど情報発信せず、他人の書き込み等の閲覧しか行わない	SNSをほとんど利用していない	n
全体	11.8	33.3	31.9	23.0	1178
20代以下	17.4	38.8	28.4	15.3	327
30代	9.9	29.7	36.3	24.2	273
40代	8.2	31.6	30.9	29.3	256
50代	11.6	30.8	33.8	23.7	198
60代以上	8.9	33.9	30.6	26.6	124

出典：総務省「社会課題解決のための新たな ICT サービス・技術への人々の意識に関する調査研究」（平成27年）

図表２－１　SNS の利用方法

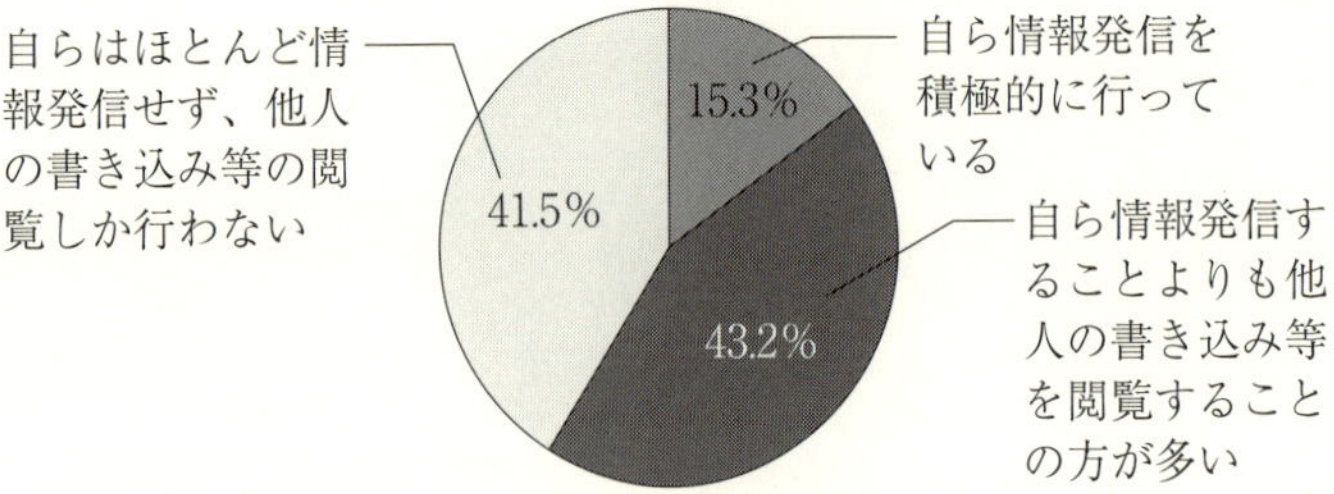

注：出所のデータから「SNSをほとんど利用しない」という回答を除いて再計算した。

出所：総務省『社会課題解決のための新たなICTサービス・技術への人々の意識に関する調査研究』、2015年。

さらにこの教科書には、自分が世の中を変えるためにメディアをどのように使えばよいか、について書かれています。小学生に対して、自分がオピニオンリーダーとなって世論を形成することを推奨し、そのためにメディアを有効に用いること、場合によっては「人々を集めてデモをしましょう」とまで述べています。実際に、小学生とおぼしき子どもたちがデモ行進を行っている様子を収めた写真が掲載されています。

最近は、少し前に比べれば日本でも市民運動がやや活発になってきた感じはしますが、学生たちもコメントしているように、デモに対する日本の一般的なイメージはあまりよいものとは言えません。

そもそも日本では、若者が政治活動を行うこと自体が実質的に制限されています。一九六九年に旧文部省が出した通達によって禁止されていた高校生の政治活動は、投票年齢の一八歳への引き下げを機にようやく緩和されました。しかし、「教育的観点から望ましくない」ので、学校内では禁止とされています。

私はもちろん、政治活動の名のもとに学校の授業を妨害したり、構内に立て看板を立てたりすることが許されるべきであることとは考えていません。しかし、このスウェーデンの教科書を前にすると、「政治活動は教育的観点から望ましくない」という考え方がいまだに根強く残る日本との差を痛感せざるを得ません。

このように、スウェーデンの社会科の教科書では、メディアの発信について詳しく書かれていますが、それは受信側が「おろそかになっている」ということではありません。むしろ、「プロパガンダ」や「隠れた広告」といった、日本の小学生にはおそらく馴染みのない言葉を用いて発信者の意図を読み解く重要性を教えたり、メディアによって得た資料をそのまま鵜呑みにするのではなく、批判的に検討するポイントを示したりしながら、現代における情報社会の「賢い歩き方」を身に着けさせようとしています。

昨今、日本の小中学校のなかには「SNS禁止令」を出している所もあると聞きます。生徒に何か起これば、すぐに矢面に立たされる学校としては、問題を起こす可能性のあるものを極力排除しようという気になるのも致し方ないところでしょう。しかし、ソーシャルメディアを禁止し、学校ではソーシャルメディアについて触れないとなれば、その正しい使い方やその危険性は、いつ、誰が教えてくれるのでしょうか。

歳を重ねて分別がつけば、自然に分かってくることもあるでしょうが、すべてがそうだとはかぎりません。最先端を走る日本において、メディアの技術は多くの人々にとって情報の受け手でしかなく、しかもデマやプロパガンダ、隠れた広告に踊らされているというのは、まさにブラックジョークと言えます。

第3章

個人と集団

エイェシェー・ストーレゴード・オ・ブルン、パティッレ市（Ojersjö Storegård och Brunn, Partille）の基礎学校（写真提供：林寛平）

第3章のテーマは「個人と集団」です。その前半では、小学生にとってもっとも身近な社会集団である家族と学校について、それぞれ過去と現在を対比しながら論じています。そして、後半では、それらの社会集団のなかで人間関係がうまくいかなくなった場合には何が起こるのか、それに対してどう対処すべきか、その典型であるイジメ問題に焦点を当てて論じられています。

これまで読まれてきてすでに驚かれていることだと思いますが、ここから、さらなる「驚き」を体感してください。

なぜ、私たちは一緒に暮らしているのでしょうか?

さて、ここでは、普段あまりされないような質問について考えてみましょう。あなたやほかの人々と、地球のほかの動物たちとを区別する違いは何でしょうか?

おそらく、ちょっと考えてみて、「人間は家族で暮らしている」とあなたは答えるかもしれません。けれども、それは本当に正しいでしょうか? オオカミやライオンのような動物だって、家族で暮らしていますよ。

人間と動物の決定的な違いは、私たちが言葉をもっていること、そしてお互いに学び合えることです。歴史上、昔に何が起こったかを学ぶことで、私たちは今起こっていることについて新しい見方を実践することができます。私たちは、お互いに話をして、他人の考えや思いつき、そして経験の一部を吸収するのです。

　このような能力のおかげで、私たちは協力することができます。そして、このようにして、私たちは自らの社会を発展させることができるのです。

- 私たち人間は、それぞれ考え方の違う個人です。しかし、誰も自分一人の力ではやっていけません。
- 私たちはお互いを必要としています。あなたは、家族、クラス、あるいはチーム、遊び仲間、親類、そして社会のグループの一員なのです。
- 本を読んでいるときには、一人でいるほうがよいかもしれません。
- 家族は、多くの人が自分らしくいられると感ずることのできるグループです。
- 親類もまたグループです。
- 一緒になれば、私たちは大きなことを成し遂げることができます。

小林麻耶　「歴史上の事実を学ぶことで、今起こっていることについて新しい見方ができる」と書いてあるよね。言われてみればその通りだけど、日本の小学校では、こんなふうに歴史を学ぶ意義みたいなことはあまり教えないよね。

加藤安悠実　そうよね。私は、事実として覚えるものって感じながら勉強していたかもしれない。現在と過去とのつながりは意識していなかったなあー。

北条美央莉　それが人間にしかできない特別なことであって、私たちはさらにその学びから「協力」という行動を起こし、社会を発展させていく……。う〜ん、小学生の教科書なのになんだか深いね。

加藤　小学生なのに、主体性をもって歴史から学ぼうという姿勢が、日本と決定的に違う点なのかもしれないね。

加藤安悠実さん

家族——昔はこうでした

一〇〇年前まで、多くの人は田舎に住み、農民として働いていました。ところが、いろいろなことが起こりました。多くの人が、工場で働くために町へ引っ越しをしました。

町での暮らしは簡単なものではありませんでした。家族は小さくて、狭いアパートで暮らしました。家の中にトイレやシャワーがないことも多かったのです。暮らしは厳しく、非常に貧しかったのですが、家族は一緒に暮らしていました。

子どもの考えは、それほど大切ではありませんでした

一〇〇年前のスウェーデンの子どもは、別世界で暮らしているようなものでした。子どもは、自分の部屋も、たくさんのオモチャも持っていませんでした。家族と一緒に台所で眠り、外で遊びました。学校でも、

スカンセンに展示されている民家（写真提供：太田美幸）

家庭でも、子どもを叩くことが認められていました。子どもは、叩かれても大丈夫だと思われていたのです。

今、大人は、子どもの言うことをより多く聞くようになっています

今日では、子どもがどのように考えているかを、大人が尋ねるのは普通のことです。たとえば、休みに家族とどこに出掛けるかとか、夕食に何を食べようか、といったことです。一〇〇年前は、そんなことは考えられませんでした。子どもは口を挟めなかったのです。

しかし、社会の価値観が変わりました。この一〇〇年は「子どもの世紀」と呼ばれています。一九八九年に国連（国際連合の国々）が、学校や家庭で大人は子どもの言うことを聞き、子どもにとって何が最善なのかを見つける努力をすべきである、という決議をしました。世界のほぼすべての国々が、「子どもの権利条約」と呼ばれるものについて一致団結したのです。

小林　一〇〇年前とは違って、現在のスウェーデンではしつけのための暴力や体罰は法律で禁止されているけど、日本では違うよね？

加藤　私が小学生のころは、悪いことをしたら先生や親に叩かれた記憶があるよ。でも、叩かれても、それが暴力だとは思っていなかった。

北条　今の日本だと体罰は社会的な問題になるし、学校教育法のなかでは生徒への体罰も禁止されている。けれども、あまり表立たない家庭内での虐待やイジメはなかなか減っていかないというのが現状だよね……。

加藤　「体罰をしないと子どもは分からない」という意見も、テレビなどのコメントで言われていたりして、まだまだ日本には「体罰支持論」みたいなものがあるような気がする。完全には悪ではないよね、という意見をもった人が多いのかもしれない。

小林　法律で禁止はされていても、日本ではまだ体罰のある学校はありそうだね。スウェーデンでは、学校だけでなく、親でも暴力や体罰が法律で禁止されているってところが日本とは大きく違うと思う。

加藤　そうだね。だからスウェーデンでは、親が小さな子ども相手でもきちんと言葉で説明して、説得するみたいだよ。日本も正しい学校教育法の理解が進んで、子どもが傷ついてしまうような体罰が減るといいよね。

小林麻耶さん

新しい家族

昔に比べて離婚が増えましたが、お母さん、お父さん、あるいは兄弟姉妹とともに家族で暮らす子どもはとても多いです。両親は、結婚していることもありますが、結婚せずに一緒に暮らすこともできます。それを「サンボ」と言います。

離婚すると、子どもたちの多くは新しい家族で暮らします。その場合にもお父さんやお母さんがいますし、新しい兄弟姉妹ができるかもしれません。

また、多くの子どもたちが、お父さん、お母さんと交代で暮らしています。一週間をお父さんと暮らし、次の一週間をお母さんと暮らす、という形です。

昔の家族

今の家族

二人のお母さん、二人のお父さん

二人のお父さん、もしくは二人のお母さんがいる家族で暮らしている子どもがいます。二〇〇九年より、同じ性別の同性愛の人が結婚できるようになりました。こうして結婚した人たちは、結婚しているほかの人々と同じ権利をもっています。

昔は、お母さんの両親や、お父さんの両親が一緒に住んでいたので、大きな家族でした。今日では、お母さんとお父さんが離婚したあとに、それぞれ新しい相手に出会うことで、やはり大きな家族になることがあります。

加藤　このイラストがとても面白いなーと思った！　昔は、おじいちゃんやおばあちゃん、小さい妹や弟がいて大家族だったけど、今は親が離婚して家族増えました！　ということが表現されているんだけど、離婚がなんかポジティブに表されているよね。

小林　離婚したあとって何となく暗いイメージがあるんだけど、このイラストだと確かに楽しそう！

加藤　しかも、離婚後の家族がゲイの両親で、さらに子どもがいるってところは、スウェーデンがジェンダーに関して寛容な国だってことが分かるよね。日本だと、まだまだこんなイラストは教科書には掲載されないよね。

小林　本当だよね。日本でも同性愛が注目されはじめているけど、まだまだ偏見なども多いから。「二人のお母さん、二人のお父さん」って、小学生にさらっと説明できるところがスウェーデンらしい。

北条　離婚・再婚や同性婚への寛容さにも驚きだけど、私はサンボ制度にも驚いた。もし、子どもができたのに「君と結婚する気はないけど、今後も一緒に暮らしていきたい」なんて言われたら複雑な気持ちになるし、周囲の目も気になる……。一方、スウェーデンの人たちは、「結婚はしたくなったらすればいい」というスタンスだよね。スウェーデンの大学を訪問したときに聞いたんだけど、学生同士の同棲も多いんだって。

加藤　確かに！　日本だとそういう形はあり得ないよね。同性愛についても、東京・渋谷区が同性のカップルを結婚に相当するパートナーとして受け付けはじめたから、今後、日本でも考え方が大きく変わっていく可能性があるかもね。

北条美央莉さん

両親が離れて暮らすときは

あなたの両親が離婚していなかったとしても、互いに別々の道を歩みはじめたという人を、おそらく知っていることでしょう。人が「なぜ、離婚するのか」という質問に答えることは難しいです。その理由は、人によってまったく違うからです。

両親が離婚すると知ったばかりの子どもは、それが大きな災難であると感ずるかもしれません。また、子どもが、離婚は自分のせいではないかと思うこともあります。でも、それは間違いです。子どもが離婚の原因になるなどということは、絶対にありません。

結婚やサンボの関係は、必ず親の責任です。そのような関係がうまくいくようにするのは、親の責任なのです。

多くの場合、家族のみんなが初めは悲しみます。でも、時が経てば、少しずつよくなっていきます。やがて、両親が一緒に暮らして仲違いしていたときよりも、ずっとよくなります。

離婚すると、どうなるのでしょうか？

法律によれば、一八歳未満の子どもがいる場合は、まず離婚が認められる前に半年間考える時間をとらなくてはなりません。もう少し考える時間があれば、考えを変えることもあるでしょう。この「半年ルール」は、子どもがいない場合には当てはまりません。

もし、両親の間で、子どもがどこで暮らすかについて意見がまとまらなければ、地方裁判所がこれを決めることになります。とはいえ、「交代で子どもと暮らす」ということで意見がまとまるのがもっとも一般的となっています。

両親は、ほとんどの場合、共同親権をもっています。これは、子どもに対してかかるお金と責任を両親で分け合うということを意味しています。

「子どもの権利条約」によると、地方裁判所はいつでも子どもにとっての最良の決定をしなくてはいけません。親たちは、子どもの未来にかかわる決定をする前に、子ども自身の意見を聞かなくてはいけません。

加藤　離婚もサンボも親に責任があって子どもには責任はない、離婚したら最初は悲しいけど、時が経てば必ずよい方向に向かっていくと断言されている。この考え方が、日本とは違うなーって思ったわ。

北条　でも、責任はなくとも、離婚後に振り回されてしまうのは結局子どものほうだよね。共同親権でお金や親の責任が両親ともに平等になるのは素晴らしいけど、子どもの暮らす場所が一つに定まらないというのは、なんだか大変そう。

小林　そうだよね。「新しい家族」の所に「一週間ごとに交代で暮らしている」って書いてあったけど、頻繁に移動していれば落ち着かないよね。でも、お金や責任を両親で分け合うことができるのは、女性の社会進出が進んでいたり、男性でも育児休暇がとれたりするスウェーデンならではのことだと思うわ。

加藤　それに、共同親権をもてるという点も、日本と大きく違うところだよね。日本だと、どちらが親権をとるかで揉めているというイメージしかないよね。

北条　うん、うん。そのおかげで、スウェーデンでは離婚のマイナス面がかなり補われているのかもしれない。だからといって、離婚率がどんどん上昇し続けてしまうのも、いずれまた何かしら問題になってくるような気もするけどね。（笑）

学校——昔はこうだった

昔は、今よりも学校でキリスト教についてずっとたくさん学ばなければいけませんでした。また昔は、綴りを正しく、きれいに書く練習、そしてみんなの前で大きな声で読む練習をたくさんしていました。そしてまた、宿題をきちんとやってくることが、もっともよいこととされていました。従わない子どもは、指示棒で叩かれることがありました。

今日では、しつけのために子どもを叩くことは禁止されていますが、一〇〇年前には認められていました。ですから、多くの子どもたちは「先生を怖い」と思っていたはずです。先生のことは、「あなた（du）」と呼んではならず、「～さん（fröken, magister）」と呼ばなくてはいけませんでした。また、先生が質問をしたら、起立してから答えなくてはなりませんでした。

北条　一〇〇年前の学校は、今とは別世界か……。

小林　私は、「昔は宿題をきちんとやってくることが、もっともよいこととされていました」ってところが面白いと思った！　こんなこと、教科書で断定しちゃっていいのかな。日本では、宿題はきちんとやってくるものだし、字を正しく、きれいに書いたり、一人ずつ音読するのもまだまだ昔のことにはなっていないよね。

加藤　そうだね。あと興味深かったのが、「先生が質問をしたら、起立しなくてはなりませんでした」と過去形で書いてあるけど、私が小学生のときは起立して答えなくちゃいけなかったし、今でもきっとそういう決まりは残っていると思う。スウェーデンから見たら、遅れているって思われるのかな。

北条　二人が話していることや、先生のことを「あなた」と呼んではならず、「〇〇さん」と呼ぶというところも、生徒と教師の間で信頼関係を築いていこうとする姿勢の現れなのかもしれないね。どちらが正しいとは言えないけど、上下関係や礼儀を重んじる日本とは対照的な部分かもしれない。

民主的な学校

昔と今の学校では、似ているところもあります。たとえば、読み、書き、計算が大切であることは、昔も今も変わりません。

ただし、今の学校では、生徒の意見を聞き、彼らと話し合い、彼らにかかわる決定に影響を与えるのが先生や職員の仕事となっています。この点は、昔とは違う大切なことです。

このような「聞いてもらう権利」は、学習指導要領に定められています。つまり、すべての生徒は、生活

寄り添う教師（写真提供：河本佳子）

に関する規則について話し合い、決定することなどができるのです。

学校における決定に影響を与えることができるというのは、大切なことです。そこで生徒たちは、民主制の機能の仕方を理解するのです。学級会では、民主制の練習をすることができます。そこでは、すべての生徒が自分の意見を表明する権利（表現の自由）をもっています。民主制はまた、もっとも多くの票を得た提案が勝利し（多数決）、それを受け入れる仕組みとなっています。

小林　小学校でのみんなの決め事が民主制の練習って、考えたこともなかったなあー。

加藤　教室で普段していることを政治にリンクさせたことはなかったね。でも、考えてみれば、多数決とかって民主制で行われることだよね。

北条　子どもでも大人と変わらず一人ひとりがちゃんと意見をもち、それを述べる権利があるということを強調しているように感じるね。学校も、子どもにとっては立派な「社会」なんだということが認識させられる。

小林　私も、この教科書全体を通して「権利」って言葉が多くて、子どもも大人と同じように考えて行動できるようになる教え方だなーって思った。

加藤　ほかの章でもそうだけれど、本当に「子ども扱い」をしていないよね。自分と社会がどのようにつながっているのかを意識できるようになっている。

北条　同感！　それが現在、スウェーデンの若者の選挙参加率の高さに結び付いているのかもしれないね。

子どもが嫌な思いをしたときは

生きるというのは素晴らしいことですが、時には辛いこともあります。ＢＲＩＳ（社会における子どもの権利）[1]という機関は、嫌な思いをしたという子どもや若者から毎日相談を受けています。相談の内容は、「よく眠れない」とか「学校で活動するのが辛い」とか、「食べるのが辛い」とか、逆に「食べ過ぎてしまう」などです。

問題の原因は、いろいろなことがあり得ます。両親が、子どもの面倒を見ようとしないということもあります。この場合、両親たちも嫌な思いをしているのかもしれません。失業中だとか、経済的な問題を抱えているとか、アルコール中毒であるとかなどです。あるいは、なぜか

（１）（Barnens Rätt i samhället）社会における児童の権利を監視し、擁護するＮＧＯ団体。英語表記：Children's Rights in Society。

理由が分からぬまま悲しみを感じていることもあります。

子どもが支援を得られる場所

子どもオンブズマン（ＢＯ）は、国際連合による「子どもの権利条約」に定められた、子どもの利益を守るために活動している国の機関です。辛い思いをしている子どもたちに対して、ＢＯは次のようなアドバイスをしています。

- 両親、先生、おばあさん、学童の先生など、あなたが信頼している大人たちと連絡を取りましょう。
- ＢＲＩＳに電話をして（番号116111）、誰かに話を聞いてもらいましょう。
- 青少年赤十字に電話して話したり（番号0771－900800）、m.jourhavandekompis.se でチャットしたりしましょう。
- 保健の先生や学校の相談員、学校の心理士に連絡を取ることもできます。

ＢＲＩＳ（社会における子どもの権利）

ＢＲＩＳは、困難を抱えている子どもを支援するための機関です。ＢＲＩＳは一九七一年に創設されました。

恐らく、問題を解決するためのもっともよい方法は、それについての話をすることです。そこでＢＲＩＳは、電話やメール、チャットで担当者と話ができるような体制を整えています。ＢＲＩＳに連絡したとしても、自分の名前を言う必要がありません。会話を記録されることもありません。ですから、あなたがＢＲＩＳに電話をしたということは誰にも分かりません。もちろん、電話料金もかかりません。

加藤　イジメを受けたときの具体的な対処の仕方が書いてある教科書って、記憶にないなー。学校から、イジメ相談のホットラインの電話番号が書かれてあったマグネットはもらったことあるけど……それくらいだった。実際、いじめられたら、先生に言うか、泣き寝入りするかだったような……。

北条　そうだよね！　私も小学校のときにいじめられたことがあるけど、それまでイジメは他人事だと思っていたから、誰かに相談するきっかけや勇気がなくて、結局一年間、学校に行けなかった。だから、イジメを個人や道徳の問題だけに留めず、こうして社会問題として社会科の授業で扱うことは、きっとスウェーデンの小学生にもよい影響を与えていると思う。

小林　日本にも同じように相談する所はたくさんあるんだろうけど、いじめられている子どもからしたら、自分からアクションを起こして相談するというのは不安が大きいよね。もし、この教科書のように相談できる場所と方法が教科書に載っていたら、安心して相談してみようかなって気になるかもしれない。

加藤　学校のなかにだけ留めず、ほかにもこんな助けがあるんだって、さまざまなつながりを教えてもらえれば、日本の子どもたちも自ら命を絶つようなことをしないかもしれない。学校も、学校だけで対処しようとしたら負担が大きいだろうから、社会を巻き込んで解決していこうとすればよい方向に行くんじゃないかな。

馬小屋がオリビアの救いになった

オリビアは六歳のころから、週に一度、乗馬のレッスンをはじめました。オリビアのお母さんであるアグネッタ・トリッグは、オリビアが馬を好きで、馬といるのが幸せであることに気が付いたので、その興味を伸ばしてあげることにしました。

「私は学校に行く前、お昼休み、そして学校から帰ってからと、一日の多くを馬小屋で過ごしました。私は、家族が知らないような人々と知り合いになりました。私はとても落ち着きました。私にとって馬小屋は、自由な場所なのです」と、オリビアは言いました。

幸せになるためのさまざまな方法

人が悲しみを抱えたときに、気分をよくする方法はいろいろとあります。その一つは運動です。トレーニングは、心にも身体にもよい効果があります。

「たとえ、家で辛いと感じていても、自分がありのままでいられ、笑うことのできる場所を見つけることが大切です。

バスから降りて馬小屋に向かう道では、よくないことを考えているかもしれません。けれども、その気持ちはすぐに洗い流されます。馬小屋の仲間たち、そして馬のハンプスと一緒にいると、彼女は落ち着いた気持ちになります。オリビアは、馬が彼女の健康と幸せにとって大切なものであることを知っています」

「人は、馬と話をすることができます。馬も人の話を聞きますが、非難したりはしません」

自由な時間に好きなことをするのは役に立つ

スウェーデンでは、一〇代の六人に一人がうつ病で悩んでいます。睡眠障害や集中困難、食欲減退、過食症になることもあります。

馬小屋と馬は、オリビアが高校生という辛い時期に、精神面での健康において大きな意味がありました。彼女は、辛い気分で過ごしている若者たちに、自分が幸せな気分になって、その辛さを忘れられるような活動やアルバイトを見つけるようにすすめています。

加藤 手厚くイジメ問題にも対処してくれているスウェーデンだけど、「一〇代の六人に一人がうつ病に悩んでいる」というのを見て驚いた！

北条 確かに、幸福な国スウェーデンというイメージが強かっただけに驚きだよね。さらに、そんな若者たちに、オリビアのような学校以外での活動やアルバイトをすすめていることにも驚いた。

加藤 アルバイトなどで学校以外の社会と接点をもてることが、よい影響を及ぼす可能性があるのかもしれないね。学校外での世界も広がるから。

北条 でも……日本ではアルバイトを禁止している高校も多いよね。（笑）

何がイジメなのでしょうか？

みなさんは、おそらく学校でイジメについて話し合ったことがあると思います。それでは、イジメという言葉の意味を知っていますか？

イジメとは、怒らせたり、馬鹿にしたり、おどしたり、仲間外れにしたり、暴力を振るったりすることです。一度きりではなく、何度も行われます。

常に、いじめる側といじめられる側がいます。イジメが行われたかどうかは、そのような目にあった人がどのように感じたか、ということによって決まります。なぜなら、いじめた側の多くは、謝らずに「ただの冗談だよ。誰も傷つけようと思ったわけじゃないよ」と言うからです。

いろいろな方法によるイジメ

イジメについて話し合うためには、イジメそのものをいくつかのタイプに分けることが大切となります。

精神的なイジメ――誰かの背後でため息をついたり、表情や身振りによって馬鹿にする、あるいはネットのグループから締め出すなどして、とても寂しい気持ちにさせる。

言葉によるイジメ――嘘やうわさ話、誰かについての誤った評判を広める、あるいは誰かのことをあまりよくない名前で呼ぶ。

身体的なイジメ――誰かを叩いたり、蹴ったり、押したりする。

初めの二つのタイプのイジメは女子の間で多く、身体的なイジメは男子がよく被害にあいます。

グループが機能しないとき

大人でも子どもでも、イジメがもっとも起こりやすいのは、人が自分で選んだわけではないグループに入ったときです。学校のクラスが、そのようなグループになるときがあります。うまく機能しているクラスはたくさんありますが、クラスでイジメがあるというのは、そのクラスというグループがうまく機能しておらず、生徒たちが不安を感じている証明となります。

生徒のなかには、自分より弱いクラスメートを攻撃しようとする人がよくいます。グループのなかには、それを決定するリーダーがいます。ほかのクラスメートは、自分がいじめられることを恐れて、そのリーダーに従います。グループのなかで「その他大勢」となっている人たちは、「グループの圧力」を受けるものなのです。

声を上げましょう！

いじめられてうれしい人はいません。そのことを、口に出して言うことが大切です。そうすれば、誰か大人の人、支えてくれる友人、兄弟姉妹、両親などの助けを得ることができます。

声を上げることはとても大切なことです。

あなたがいじめられていると感じたら、大切なことは、何をあなたがするかではなく、あなたが何かをすることです。そして、忘れてはいけないことは、イジメが起こるのは、いじめられた子どもが過ちを犯したからではない、ということです！　誰もが、幸せになる権利をもっているのです。

いじめる側

いじめる側も、いじめられる側と同じように不安を抱えていることがよくあります。いじめる側は、誰かをねたんでいたり、気分が悪かったりすることがあります。イジメをしている人は、ほかの人がどのように感じるかについて理解しにくいということが多いです。

力や管理が、イジメの説明の一部に含まれることもあります。イジメをするグループのリーダーは、そのグループのメンバーに力を及ぼしています。グループのメンバーは、一緒になって、イジメの対象となった人の行動を管理することもあります。

小林　イジメについて、学校でこんな風に考えたり、話し合ったことがあったかなあー。イジメを三つのタイプに分けたり、男女間にも違いがあったりと具体的に教えているところが、日本のイジメ教育とは大きく違うね。

加藤　イジメは悪いですよ、相手が傷つきますよ、ってことは何となくずっと言われていたけど、タイプに分けたことはなかったような気がする。そこで、男女の違いについて意識したこともなかった。ある程度成長してから、男女の性質の違いみたいなものが経験値として知るようになったと思う。授業で取り上げられたから知っていたというのではなかった。

北条　そうやってイジメを分析することで、加害者と被害者双方の気持ち、またイジメが起こってしまう原因や環境がはっきりしてくるんだと思う。とくに、グループ内で起こりやすいイジメを、「誰か個人が悪いのではなく、グループが機能し

パティッレ市の基礎学校の様子（写真提供：林寛平）

ていないから起こる」と分析させるのは秀逸と言えるよね。

小林　私もそう思った！　それに、いじめられた子どもが過ちを犯したからではない、いじめる側も不安を抱えていることがある、という風に教えて、誰かを悪いと決めつけないことも大事だよね。日本だと、イジメって「あるべきでないもの」という考え方があるから、ここまで分析して説明をしたり、考えたりすることはないよね。それに比べてスウェーデンは、グループがあればイジメは起こるものと捉えているから、具体的にどうしていくかについて考えることができるんだろうなあー。

加藤　日本でもいじめる側にも事情があるという見方はあるけど、それを生徒全員で具体的に考えることは少ないと思う。あと、いじめられていると感じたら行動することが大切、内容ではなくて「とにかく行動！」みたいなところも面白いと思った。行動に移せるように書かれている教科書だな、って感じたわ。日本だと、教科書は机上のものって感じがするから。

ネット上のイジメ

イジメは、グループがあるかぎり起こります。きっと、石器時代からあったことでしょう。インターネットが発達し、多くの若者がケータイを手にするようになると、イジメはネットの世界にまで広まりました。

実は、イジメのタイプは、すでにみなさんが読んだものと同じです。けれども、「ネットにさらされる」ということについては、以下の点が違ってきます。

•ネットでは、イジメが匿名で行われることがあります。いじめられる側は、誰がいじめているのかが必ずしも分かりません。つまり、いじめられる側は、自分を守るのが難しくなるということです。

•ネット上のイジメは、先生や両親に気付かれにくいです。

•面と向かって言わないほうが、イジメは簡単にできるということがよくあります。いじめる側は、顔を見せずにすみます。

•ソーシャルネットワークでイジメが起こると、誰が、またどれくらいの人がそのことを知っているのかについて、いじめられた側が知ることは難しいです。

•人の名誉を傷つけ、下劣な写真や文章を広めるのは簡単です。「観客」の多くは、その下劣なものをさらにネットを利用してほかのグループに広めていくのです。

いじめられた人は、家でも安心して過ごすことができません。ネット上のイジメは、校庭で起こるイジメと比べてずっと残酷なのです。

北条　ネット上のイジメって……。ましてや、これが社会の授業で取り扱われているなんて！最近の日本の小学生の教科書を見たけど、ソーシャルメディアについて学ぶ部分は全然なかったなー。この内容のおかげで、ネットでのイジメはかつてのイジメよりも残酷だということが認識できるね。

加藤　そうだね、ネット社会にも対応していて、小学生のうちから意識させているところが日本とは違うね。日本だと、違いや残酷さを直視させて考えさせるというよりは、ネットを子どもたちから遠ざけようとしている感じがする。子ども自身が考えるというより、学校や親が子どもとネットの関係に悩んでしまっているケースもあるように思う。

北条　その通りじゃない。この教科書の他の章ではソーシャルメディアの利点を述べているわけだけど、ここでは、しっかりとその危険性も示されている。日本では、危険性にばかり目が行きがちだよね。

小林　学校や親が、子どもに対してどのようにネット社会と付き合っていくかについて教えている様子はニュースなどでも取り上げられているよね。この教科書のように、危険性だけでなく、どのように使っていくか考えさせるほうが今の時代には合っていると思うな。

訳者による総括

社会心理学者の大家であるトリアンディス（Harry Charalambos Triandis, 1926〜）は、スカンジナビア諸国を「たぶんに水平的集団主義な要素をもった、適度に個人主義的な地域」、つまり、家族や学校などの社会集団における結束力が強いものの、集団の構成員は比較的平等であり、個々の独立心も適度に強いと評しています。(2)

彼はまた日本について、伝統的には社会集団における結束力が強く、集団の構成員の上下関係が比較的はっきりした「垂直的集団主義」が伝統的であったとしつつも、近年、とくに若い世代においては、その垂直的な性質が徐々に水平化に向かい、また個人主義的な傾向も強まっていると述べています。

こうして比べてみると、スカンジナビア諸国と日本は集団主義という点では本質的に共通している、また、かつての日本では垂直的な性格が強かったが、最近では水平的な性格が強まったほか個人主義的な傾向も見られ、全体としてスカンジナビア型により近づいているという印象をもちたくなります。

しかしながら、この教科書の家族や学校に関する記述を読むと、スカンジナビアと日本の間には、まだとても大きな隔たりがあると考えざるを得なくなります。それは、トリアンディスがこの論文を出版した一九九五年に若者であった私だけでなく、それより一世代あとに生まれた日本の大学生たちにとっても同じことのようです。

たとえば、体罰について、日本の学校教育法においても「校長及び教員は、……体罰を加えることはできない」と定められているのですが、先の対話のなかにもあるように、そのような法律があることすら彼らは知りません。それに、教員が自分たちに体罰を加えることが法律に違反した行為であるということを、多くの学校では教えてくれません（もちろん、受験問題にも出ません）。そんな背景のもと、実際に体罰を受けたり、周りで行われているのを見たり聞いたりしているので、このような認識になるのでしょう。

家族についての記述で目を引くのは、親の離婚に関する記述です。スウェーデンの統計によると、二〇一三年に五万一五五四組のカップルが結婚しましたが、その半数を超える二万六九三三組のカップルが離婚しています。(3) 最近は、日本でも離婚は珍しいことではなくなりましたが、これほど高い水準ではありません。

（2）H・C・トリアンディス／神山貴弥、藤原武弘訳『個人主義と集団主義——二つのレンズを通して読み解く文化』北大路書房、二〇〇二年、一〇五ページ。

（3）たとえば、二〇一四年の日本における結婚件数は約六四万件、離婚件数は約二二万件と、結婚件数に対する離婚件数の比率は三分の一を少し超える程度となっている。

そもそもスウェーデンでは、結婚をしないまま子どもが生まれ、そのあとに離別するというカップルも少なくありません。それゆえ、親が離婚すると何が起こるのか、子どもはそれをどのように受け止めればよいのかということがしっかりと書かれています。そのなかでも、「子どもが離婚の原因になるなどということは、絶対にありません」とか「多くの場合、初めは家族のみんなが悲しみます。でも時が経てば、少しずつよくなってきます。やがて、仲違いしていたときよりも、ずっとよくなります」といったメッセージが教科書に載せられている意味は大きいと思います。

また、離婚によって親たちに新しいパートナーができることで家族が大きくなるという発想は、日本人には一見突飛なことのようにも感じますが、離婚すると家族がバラバラになるという凝り固まったイメージを払拭するにはよいのかもしれません。

実際、スウェーデンでホームパーティに誘われて行ってみると、以前のパートナーと現在のパートナーとが同席して談笑していたり、それぞれの相手がつれてきた子どもたちがみな一緒になって遊んでいたりという場面に出くわしたことが何度もあります。もちろん、離婚をしなくてすむならそれに越したことはないのですが、世間に「離婚＝不幸」と決めつけられ、「あの家の子どもは、親が離婚してかわいそうに」と安っぽい同情の目を向けられるほうがずっと可哀想だと思います。

学校についての記述では、「学校における決定に影響を与えることができるのは、大切なことです。そこで生徒たちは、民主制の機能の仕方を理解するのです」という部分が目を引きました。ここには、二つの驚きがあります。

一つ目は、小学生が学校における決定に影響を与えることができる、としている部分です。日本の小学校でも、クラスの決まり事を生徒たち自身に話し合わせて決めるということがあるでしょうが、どちらかといえば学校や先生が規則や目標を立てて、それをしっかり守りましょう、それに向かって頑張りましょう、というのが基本になっていると思います（ちなみに、日本では小学校のみならず中学や高校でも同じかもしれません）。

他方スウェーデンでは、小学生であっても生徒の行動を決定するのはあくまで生徒自身というのが基本になっているのです。

二つ目の驚きは、学校が民主制の機能の仕方を理解する場であるとはっきり表明しているところです。日本でも、学級会で意見が割れれば多数決を取ることもありますすし、学級委員を投票で決めることもあります。

その意味では、民主制のイロハを学んでいるわけですが、日本の小学生たちが、それを民主制の練習という捉え方をしているのか、あるいは先生たちがそのような意識をもって教えているのかといえば、答えは「ノー」になるでしょう。もちろん親たちにしても、自分の子どもが学校で

図表３－１　PISA（生徒の学習到達度調査）：数学的教養の平均点の推移

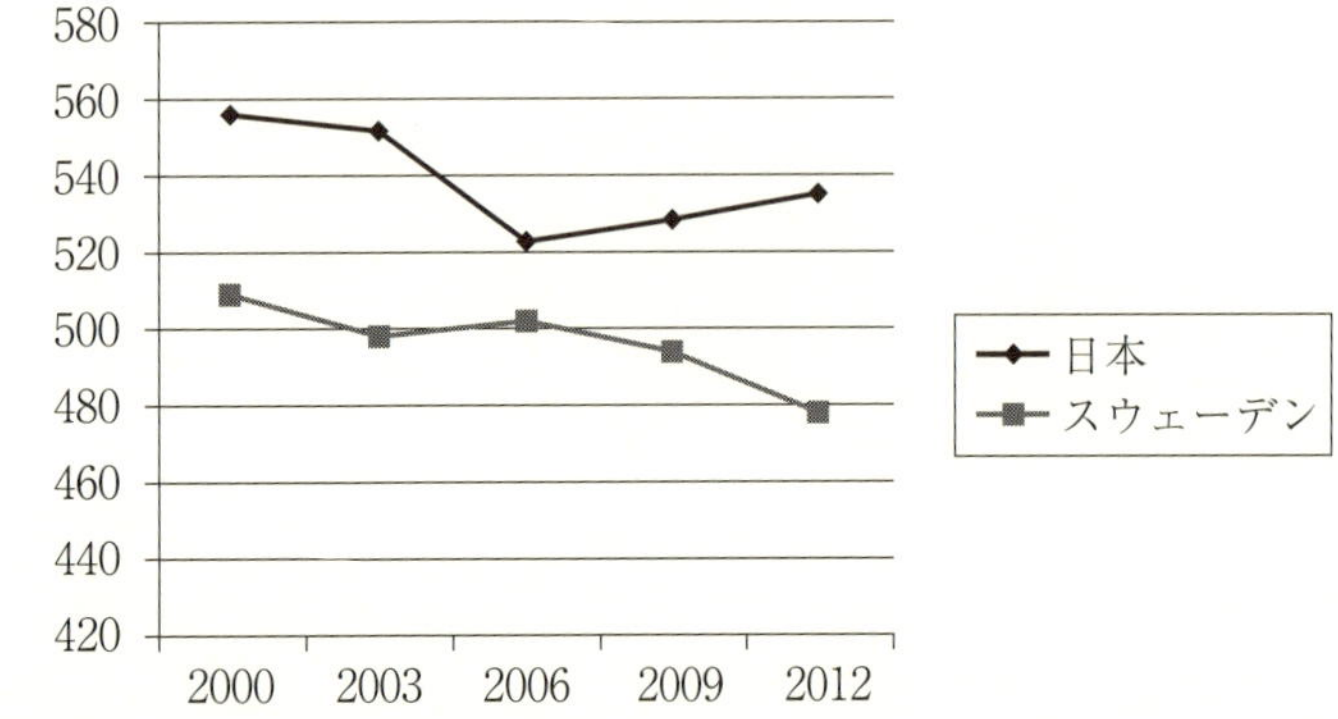

注：調査対象は各国の学校に通っている15歳の生徒。
出所：OECD

民主制を教わっているという意識をもっている人は少ないはずです。

とはいえ、次のような面もあります。「宿題をきちんとやってくることが、もっともよいこととされて」いたのはもはや一〇〇年前の話であって、今はとにかく自主性に任せるというやり方については、スウェーデン国内でも疑問の声が上がっています。

たとえば、ＯＥＣＤ（経済協力開発機構）が、その加盟国のみならず広く世界の国に参加を呼び掛けて実施しているＰＩＳＡ（生徒の学習到達度調査）の結果を見ると、スウェーデンの成績は下がり続けているのです。二〇一二年の調査では、数学的教養の成績が調査対象六五か国・地域のなかで三八位と、下から数えたほうが早いという状況でした。スウェーデン人がしばしば比較対象とする北欧諸国のなかでも最下位となっており、このときはさすがに「自由にさせすぎではないか」という批判が高まりました。

よく、スウェーデンを隣のフィンランドと間違えたり、スウェーデン人の英語力が高いことから、「スウェーデンの教育は優れている」と手放しで称賛する声を聞きますが、実はそう単純な話ではないのです。

ただし、スウェーデンの学校のよい点として、イジメが少ないということを指摘しておきます。二〇一一年に中学二年生を対象とした国際比較調査によると、(4)「この一年間に学校で他の生徒から殴られたり傷つけられたりした」経験のある生徒の割合は一八・二パーセントで、調査対象四一か国中三七位でした（ちなみに、日本は三三・五パーセントで一五位）。

イジメの問題については、日本の大学生たちが驚くほど教科書に詳しく書かれており、ネット上のイジメまで含めて、さまざまな角度から説明が加えられているほか、生徒に考えさせる仕組みになっています。

イジメが少ない背景として、「学校でも家庭でも、子どもを叩くことが認められて」いたのは

(4) International Association for the Evaluation of Educational Achievement (IEA), TIMSS 2011 Eighth Grade Almanacs.

はるか昔の話であって、今やしつけであっても子どもに手を上げてはならないという意識が根付いていることも忘れてはなりません。スウェーデンでは、親や教師が暴力に訴えないから、子どもたちも他人に暴力を振るわないのです。このことは、私たち日本人がしつけというものを考えるうえで大いに参考にすべきことではないかと思います。

第4章

経済

ガムラスタン（写真提供：緒方日菜子）

本章のテーマは「経済」です。経済について小学生に教える内容など、どこの国も似たり寄ったりであろうと思うかもしれませんが、そんなことはありません。日本とスウェーデンの間で経済システムが異なるわけではありませんが、同じことを教えるにしても、まず何を教えるべきか、何を強調しているかという点で、日本とスウェーデンには大きな違いがあります。

なぜ、お金は大切なの？

人はみな、お金持ちになる夢を見ることがあります。それは突然、まったく信じられないような形で起こるかもしれません。あなたの家族が、宝くじで一〇〇〇万クローナ（約一億五〇〇〇万円）を当てたら、あなた方がどれだけうれしいかを考えてみましょう。今まで夢見ていたような豪華な新車を買うこともできますし、休暇をとって地球一周をクルージングし、毎日、豪華な食事をすることもできます。

一つの同じ社会のなかで、私たちは大変異なる暮らしをしています。通りに座って物乞いをしている人もいれば、とても豊かで、働く必要のない人もいます。

私たちの大多数は、その間にいます。けれども私たちは、安心で確実な未来を夢見ています。

多くの場合、それはお金を確実に手に入れることと同じ意味です。とはいうものの、私たちが幸せであると感じるためには、お金よりも多くのモノが必要なことは知っていますよね。

——本当にお金持ちの人は、まだ何か夢をもっているのでしょうか？

——本当に貧しい人は、どんな夢をもっていると思いますか？

高嶋美久　貧富の差について触れているけど、日本の教科書には書かれていないよね。

島崎さとみ　そうだね……「物乞い」というような言い回しは使わないよね。

野村紗友里　「安心で確実な未来を夢見ています」という部分がすごく現実的だよね。日本だと、もっと大きな夢を考えさせるよね。たとえば、男の子だったらサッカー選手とか！

崔理香　確かに！　あと、最後に問い掛けがあるけど、お金持ちの人と貧しい人の気持ちになって考えてみる機会なんて、これまでなかったかもしれない。

高嶋美久さん

あなたの経済

自分自身の経済について、責任をもつということを学ぶのはよいことです。人が大人になったときに、責任が保てるようになっていなければならないからです。人には欲しいモノがたくさんあります。広告は、あなたやあなたの家族では買えないようなモノを、あなたが買うように誘惑しています。

お金について、どのように考えればよいのでしょうか?

お小遣いが、週決めであろうが月決めであろうが、同じことが問われます。

- 私が欲しいモノに、どうやってお金を使えばよいのでしょうか?
- 私はいくら貯金して、いくら使えばよいのでしょうか?

お金の一部を貯金するという利点は、いつか本当に欲しいモノ、一か月の給料では賄い切れないほど高価なモノを買うための蓄えとなることです。

一方、貯金することの欠点は、今日欲しいと思っているモノを買わずに、我慢しなくてはなりません。つまり、何かもっと高価なモノを買うために貯金をするのであって、お菓子を買ったり、ゲームをしたり、映画を観に行ったりすることは我慢しなくてはならないということです。

◆◆◆◆◆◆◆◆

高嶋　小学生のころ、貯金について考えていた？

野村　考えなかったなあー。自分自身の経済について考えはじめたのは高校生くらいかな？

崔　そうだよね。日本だとちょうどアルバイトができる年齢だし。小学生のころなんて、一か月のお小遣いがいくらであるべきかなんて考えなかったよ。

島崎　欲しいモノがあったら、その時々でもらっていたよね。

高嶋　私は、お手伝いをしたらお金がもらえるというやり方だったな。

崔理香さん

野村紗友里さん

貯めるか、買うか

あなたは、貯めるのと買うのとどちらが上手ですか？　実は、今の子どもたちは一〇年前の子どもたちよりも多くの貯金をしています。四人のうち三人が、毎月、いくらかの貯金をしています。

けれども、その多くは、お小遣いのすべてを貯金しているわけではありません。九歳から一二歳の子どもたちが何を買っているのかを見てみると、男女の区別があまりなく、同じものという場合が多いのです。

子どもは自分のお金をどうしているのでしょうか？

女子の場合は、①貯金する、②お菓子を買う、③服を買う、となっていますが、男子のほうは、①貯金する、②お菓子を買う、③テレビやコンピュータゲームを買う、となっています。

次に、女子と男子が、何のために貯金しているのかを比べてみると、その違いは少し大きくなります。

何のために貯金をするのでしょうか？

女子のほうが、①コンピュータやテレビゲーム、②ペット、③服に対して、男子は、①コンピュータやテレビゲーム、②おもちゃ、③スキー靴、スキー、サッカーシューズ、となっています。

野村　「今の子どもたちは一〇年前の子どもたちよりも貯金をしています」の一〇年前の子どもたちって、ちょうど私たちくらいだよね。

高嶋　小学生のころ、貯金してた？　服は親が買ってくれたし、ペットは家族で飼っていたから、「何のために貯金するのでしょうか？」というランキングを見て驚いた！

仕事、収入、税金

なぜ、人は働くのでしょうか？　そのもっとも明確な答えは、働くことで収入や給料がもらえ、いろいろなモノを消費するために使うことができるからです。給料が高ければ高いほど、買ったり貯めたりできるお金の額は多くなります。

多くのニュースで「高い失業率」が取り上げられていますが、スウェーデンでは、ほとんどすべての大人が仕事をもち、毎日、仕事に行っています。

給料のすべてがもらえるわけではありません

スウェーデンで働いている人は、みんな税金を納めています。どのくらいの税金を納めるかは、どのくらいの給料をもらっているかによって変わってきます。お金を多く稼ぐほど、税金を多く納めるというのが基本的な法則となっています。

給料のおよそ三分の一を納めるというのが、もっとも一般的です。

島崎　日本の教科書でも税金の話は出てくるけど、給料の何割が税金かなんて知らなかった。

野村　私が知ったのは、就活をはじめてからくらいかも。（笑）お金を多く稼ぐほど税金を多く納めるということを教えているのは、将来的なことを見据えて教えているのかな

島崎さとみさん

ーと思う。

崔　早めに自立して欲しいから、小学生で教えているのかもしれないね。

高嶋　自立と言えば、スウェーデンでは高校生くらいから一人暮らしをはじめるんだったっけ？

島崎　それができるのは、スウェーデンでは学費が無料だからじゃない？

野村　日本でやろうとしても難しそう……。公立高校は無料だけど、大学からたくさんのお金がかかるからね。

社会サービスにはお金がかかります

税金は、社会サービスやその他のことに必要とされています。そのお金は、まず国や市、県に納めます。それから、次のようなことに支払われます。

手当——国のお金は、子ども手当や住宅手当、病気で仕事ができないときの手当、年金、育児手当などに使われます。

学校——スウェーデンでは、基礎学校（小中学校）と高校に行くのにお金がかかりません。世界のすべての国でそうなっているわけではありません。市は、先生の給料、場所の家賃、教科書、給食に支払うお金が必要となります。
保健――スウェーデンでは、子どもと若者にかかる病院や歯医者のお金は（少しの例外を除いて）無料です。県のお金は、医師や看護師の給料、そして薬に使われます。
道路――スウェーデンでは、ほとんどの道路で通行料金を支払う必要がありません。道路の維持は、市のお金によって行われています。

〈二人の生徒の会話〉

A　明らかなのは、高い料金を支払わずに、こうしたサービスをすべて利用することができるということです。私たちの給料から税金が差し引かれることで、すでに支払ったのと同じようなことになっているのです。
B　しかし、私はまったく車を運転しないし、子どももいないし、病気でもありません。それなのに、なぜ私も税金を払わなくてはならないのですか?

野村　「なぜ、私も税金を払わなくてはならないのですか?」のところ、スウェーデンの小学生はどのように答えるのかな?
島崎　自分だったら、税金を払いたくないって思うな。（笑）

経済の循環

経済がどのように動いているのかを理解するためには、さまざまな動きがどのようにして一つのまとまりになっているのかを知ることが大切となります。社会において、お金は家族や国、会社、銀行などの間をめぐっています。

家族の収入は、彼らが働いて得た給料です。ただし、これには、国からもらった手当も含まれます。

収入が多ければ、家族はより多くのモノやサービスを消費することができます。また、その消費は、私たちに共通の環境にも影響を与えます。仕事、収入、消費、環境の間には、一つのつながりがあるのです。

子ども手当と育児手当

スウェーデンでは、子どものいるすべての家庭が子ども手当をもらっています。また両親は、四八〇日間、小さな子どもと家にいることができるように育児手当をもらっています。子どもが一二歳までは、子どもが病気になると、両親のどちらかが家にいて看病することができる権利もあります。

高嶋　経済の分野で社会環境について触れるというのは日本ではないよね。
崔　買う前に、社会の環境について考えてようってことなのかな？
野村　日本ではモノを買うことと社会はつながるけど、なかなか「環境」というキーワードにはつながらないよね。
島崎　環境を大切にしているスウェーデンだからこそだね。
高嶋　子どもが病気になると、日本の場合はたいてい母親が面倒を見るわけだけど、スウェーデンでは両親が面倒を見るとなっているね。
崔　男女平等が当たり前ということだね。育児手当がもらえることも当たり前だから書いてあるんだろうね。日本にも制度はあるけれど、こういうことが教科書に載っていることにびっくりした。

支出を常にチェックしましょう

経済的な問題を避けるためには、収入が常に支出よりも大きくなければなりません。これは家族でも、会社でも、市でも、さらに国でも同じです。

予算をつくりましょう

一か月、もしくは一年間に、どのくらいの収入と支出があるかを前もって計算することを、「予算をつくる」と言います。こうすれば、あなたがどのくらいお金を貯めることができるかが分かります。また、支出が収入を超えはじめることに気付くこともできます。そうすれば、何らかの支出を控えることができます。家族だけでなく、会社も国も市も常に予算をつくっています。

〈考えよう!〉

- ある家族が車を買おうと考えています。まだそれだけのお金は貯まっていません。あなたなら、どのようなアドバイスをしますか?

1か月の予算は次のような感じになります

家族の収入	家族の支出
給料　35,000クローナ 手当　1,100クローナ	住居費、家賃、電気代など　10,000クローナ 住宅保険／その他の保険　450クローナ ローン　3,000クローナ 食費　9,000クローナ 衛生　1,200クローナ 衣服・靴　3,000クローナ 余暇・遊び　2,600クローナ 携帯電話／テレビ／新聞　2,700クローナ 旅行　2,000クローナ 保育　870クローナ

野村　そもそも、小学生が家計簿をつけることはないよね。
島崎　お小遣い帳なら分かるけど、家計簿は小学生にはまだ早いよね。
高嶋　小学生に支出をチェックしましょうとか、予算をつくりましょうとかをやらせるのは凄いよね。
崔　自分で考える力をつけさせたいのかなー。
野村　〈考えよう！〉の質問だけど、家族が車を買えないことについて、普通、小学生のアドバイスを聞く？
島崎　私が小学生だったら、家計にアドバイスなんてできない。
野村　そもそも、相手にされないよね。
崔　スウェーデンは、子どもの意見も受け入れるのかな？
高嶋　自分が小学生のときはもっと遊びたかったから、こんなこと考えたことないよ。
島崎　でも、それはスウェーデンの小学生も一緒じゃないの？
野村　そうだよね。じゃ、なんて答えるのかな、スウェーデンの小学生は……。

お金が十分になかったときは

支出が収入よりも大きければ、お金はなくなってしまいます。そのときには、生活の仕方を変える必要があります。

収入を増やすか、支出を減らすか

もし、家族の誰かが新しい仕事を見つけたとすれば、家族の収入は増えます。しかし、家族が収入を増やすことができなければ、支出を減らすしかありません。たとえば、休暇のときの旅行を取りやめるとか、車を売るとか、小物や衣服を買う量を減らすといったやり方です。

会社であれば、お客さんに売るモノの量を増やすことで収入を上げることができます。市であれば、住民が納める税金を上げることで収入を増やすことができます。

失業は社会に問題を引き起こします

家族の経済が悪くなる原因の一つに、家族が失業するというのがあります。それによって家族は重要な収入源を失い、支出を減らす必要が出てきます。

もし、社会で多くの人々が仕事を失えば、家族はお金を貯めて買い物を控えるようになります。そうすると、今度は会社の売れ行きが悪くなり、さらに多くの人を辞めさせなければならなくなります。

もし、家族や会社が経済的な問題をかかえれば、市や国にも影響を与えることになります。市は税金の収入が減り、同時に支出が増えることになります。なぜなら、市は失業した人々に対して手当を与えなければならないからです。

島崎　ここには、会社や市の収支のやり繰りが書かれているね。

崔　「失業は社会に問題を引き起こします」という文章が気になったなー。

高嶋　そうだね。私が小学生のころ、失業や収入を失うといったことを個人の問題として考えたかどうか……。

野村　それがスウェーデンでは、「失業＝社会の問題」と教えるんだね。なぜ、失業が社会に影響を与えるかの一連の流れが説明してあるから、これなら、社会全体の経済の仕組みが分かりやすいかもしれない。

島崎　国の未来にかかわってくるから、自分にあった職業を選択してください、ということなのかもしれないね。

生活水準とは何でしょうか？

経済とは、選択することです。これは、会社、市、家族など社会のすべてに当てはまります。何を手に入れるべきなのでしょうか？　家族のもとに、何を買ってくる必要があるのでしょうか？

あなたが、次のなかから二つを選ばなければならないとします。二つしか手に入れることはできません。あとのモノは我慢しなくてはいけません。あなたは何を選びますか？

- 自分のベッドを手に入れる。
- 自分の本と机を手に入れる。
- 自分の部屋を手に入れる。
- 一年に一度は、外国に旅行できるようにする。
- 自分のテレビを手に入れる。
- 自分のコンピュータを手に入れる。
- 自分のケータイを手に入れる。
- コンピュータゲームとオモチャをたくさん手に入れる。

生活水準は各家族によってかなり異なり、その家族の収入に依存しています。家族の収入が多いほど生活水準が高いというのが、基本的な法則となっています。「生活水準は、モノやお金以外のことにも関係があります。あなたが社会で利用できる学校や医療ケアがどのくらいよいものか、また機能している民主制のもとで暮らしているのか、といったことからも測ることができるよ」

高嶋　「経済とは選択すること」という言葉が、日本では考えられないよね。びっくり！

野村　この文章を読んで、「確かに！」って思った。遠回しでなく、とても現実的な表現だよね。

島崎　それと、家族の収入について直接的に触れているのにも驚いたなー。日本では平等の意識が強いから、こういう話題は避けがちになっているよね。

崔　学校や医療ケアがどのくらいよいものかで判断できるとも書いてあるし、何より「生活水準は家族の収入に依存する」って言い切っているところも凄い！

高嶋　スウェーデンは移民が多いし、日本よりさまざまな生活水準の人がいると思うけど、格差について、ここまでズバッと言っちゃうんだー。

スウェーデンにおけるさまざまな生活状況

あなたはおそらく、世界の多くの子どもたちが飢えと貧しさのなかでいかに暮らしているかについて、テレビで見たことがあると思います。スウェーデンでは、それほどひどいことにはなっていません。この国では、誰も飢えることがありません。けれども、スウェーデンにおいても、子どもたちの暮らしには大きな差があります。

家族に対する手当

家族が、家賃や食料を手に入れるために毎月苦労しているのには、さまざまな理由がありま す。もっともよくある理由は、両親のいずれか、もしくは両親がともに失業したため、というものです。ほかの理由として、両親のいずれかが病気になるということもあり得ます。

生活に必要なモノを買うだけの収入を得ることが難しい家族に対しては、国が手当を支払っています。これは「生活保護」と呼ばれています。

子どもにもたらす結果

家族が経済的な問題をかかえていると、子どもが、たとえばアイスホッケーやサッカーを続けられないということが起こります。不必要なことにお金を費やすほど、家族に余裕がないからです。新しいブランドの服や外国旅行、子どもがケータイを持つことなども、おそらくできないでしょう。

経済的な問題をかかえる家族で暮らす子どもたちは、将来に不安を感じていることが多いものです。それは、学校での生活にも影響してくるでしょう。

もし、子どもが自分の暮らしを恥ずかしいと思っていたら、友達を家に呼びたいとは思わないでしょう。最悪の場合には、友達との交流さえなくなってしまうかもしれません。

野村　同じ国の子どもたちの暮らしの格差というのも、日本では見ない文章だよね。

島崎　確かに、小学生のときはアフリカの子どもとか、難民は貧しいというイメージはあったけど、同じ日本の小学生が貧しいというイメージはなかったね。

崔　子どもにもたらす結果がかなり詳しく書かれているけど、貧しい子どもがこれを見たらどのように思うのかな?

高嶋　もし、自分が貧しくて、この文章と同じ状況に置かれていたら悲しくなっちゃうよ。

世界の貧しい子どもたち

世界の多くの子どもたちにとっては、安心を感じられることが、生活において一番大切なことです。戦争や暴力、飢えや地震、洪水、貧困のために、自分の家や村、あるいは国を去らなくてはいけないかもしれないと心配しなくてよいからです。

世界には、自分の子どもが必要としているモノを与えることができない親たちがいます。私たちにとって、もっとも大切で基本的に必要なものというのは、以下のようなものです。

- 日々の食料
- 頭を守る日よけや雨よけ
- 電気
- きれいな水が出る水道

その結果、親たちは、たとえばスウェーデンのような国に逃げてきます。彼らは、新しい国で、子どもたちがより良い生活と将来を手に入れることを望んでいます。

難民としてスウェーデンに来る子どもたちの多くは一人きりです。子どもたちには、それぞれ、さまざまな事情があります。多くの場合、そうした事情には、戦争や飢え、死というものがかかわっています。こうした子どもたちは、スウェーデンで新たな生活をはじめられることを願っています。安心感を抱くことができ、夜にゆっくり眠れるような生活を、です。

「レッダ・バーネン（Rädda barnen）[1]」は、難民としてスウェーデンに一人でやって来る子どもたちを、なるべくよい形で受け入れられるような「世論づくり」を行っています。

高嶋　「貧困のために国を去らなくてはならない」という文章が印象的だった。日本では考えられないよー。

島崎　小学生のころ、アフリカの貧しい子どもについて勉強したけど、遠い国の問題だと思って、それが日本とかかわっているとは思っていなかった。

崔　移民が多いスウェーデンだからこそ、自分たちがかかわっているという意識を教えようとしているのだろうね。

野村　ところで、私たちの話しているテーマは経済だよね？

崔　そうだけど、移民問題についてかなり詳しく書いてあるね。

島崎　移民とか難民について、日本ではそもそも詳しく触れないよね。

高嶋　確かに、日本はスウェーデンほど難民を受け入れていないしね。

私たちが買ったモノは環境に影響を与えます

自分の買ったモノが社会環境にどのような影響を与えるのかについて考えることは、すっかり一般的なこととなりました。もし、スウェーデンで、若者も大人もモノを買えるだけ買い、貯金を最小限にしたらどうなるでしょうか。それはよいことでしょうか、それとも悪いことでしょうか？

実は、その答えは両方なのです。社会の経済としては、買ったモノを製造している会社の仕事が増えます。そうすれば、より多くの人が仕事を得ることができます。多くの人が仕事をすれば、税金を納めてくれるし、必要となる手当の額も減ります。そうすれば、市にはより多くの税金が入ります。そうすれば市は、より多くの先生を雇うといったことに、より多くのお金を使うことができます。

多く消費することの欠点は、環境が破壊されることです。より多くのモノをつくるためには、たとえば石油などの天然資源をたくさん必要とします。

(1)　国際NGO「セーブ・ザ・チルドレン」のスウェーデン支部のこと。活動内容は、危険にさらされている子どもたちの状況を改善することとなっている。次の事項について、自らあるいは他者との協力のもとに活動している。「問題の認識と分析、対応の検討」「活動や企画の支援および結果報告」「広報活動」

発展を持続可能にしつつ、社会の経済的な利益とのバランスを考えた、環境に優しい消費をしなくてはなりません。それは、難しいことでもあります！

あなたは何を選びますか？

環境や、世界のほかの人々を大事にすると話すのは簡単なことですが、実際に行うのは難しいことです。次のことについて、あなた自身はどのような選択をするでしょうか？

❶環境に優しいけれども高い食品？　それとも、環境に優しくないけれども安い食品？

❷雨やとても寒い日にも、自転車や徒歩で学校に行きますか？　それとも、車で送ってもらいますか？

❸高い服を少し買いますか？　それとも、安い服を多く買いますか？　あなたは安い服をつくるのに、一〇歳の子どもが工場で働いているのではないかと疑っています。

❹水道の水を飲みますか？　それとも、ペットボトルのミネラルウォーターを飲みますか？

気付いたと思いますが、環境に責任をもった「持続可能な」決定を下すのは、常に簡単なことではありません。

「持続可能な発展とは、将来の世代が満足に生活する可能性を損ねることなく、今の私たちが満足に生活できるような発展のことです」（ブルントランド委員会[2]による国際連合報告書「私たちの共通の未来」より）

◆◆◆◆◆◆◆◆

島崎　これも、日本の教科書では出てこない話だよね。

高嶋　「環境」の章があって、そこで勉強するよね。日本なら「環境は大切にしましょう」とか「リサイクルをしましょう」で終わるけど、ここでは環境に責任をもつことは簡単なことではないと言っている。

崔　あえてこう書くことで、意識させているのかな？

野村　「発展を持続可能にしつつ」というキーワードも、経済と環境が結び付いているんだなーということを感じさせるね。

（2）一九八四年、国連に設置された「環境と開発に関する世界委員会」（WCED=World Commission on Environment and Development）のこと。委員長がのちにノルウェーの首相となったブルントラント女史であったことから、「ブルントラント委員会」と呼ばれた。この委員会は、委員個人の自由な立場で討議を行ういわゆる「賢人会議」として、二一人の世界的な有識者によって構成された。

訳者による総括

日本の小学生が経済について考えることと言えば、自分のお小遣いをどのようにやり繰りすべきかといった程度に留まるのではないでしょうか。日本でも、中学や高校になればそれなりに経済の仕組みを学ぶことになりますが、大学生たちが述べているように、給料の何割が税金かなどということは、就職活動をするようになって初めて知ることなのかもしれません。

日本人は、消費税の税率については子どもから大人までひどく敏感になっていますが、サラリーマンの多くが確定申告をしないこともあって、ほかの税金についてはかなり鈍感な感じがします。

そこへいくと、スウェーデンは一般消費税が二五パーセントのうえに、毎年、誰もが自分で確定申告を行っているので税金に対する関心は非常に高いです。この教科書に税金に関する記述が頻繁に出てくるのも、そのような社会的な環境があるからでしょう。

他方で、子ども手当や育児手当について触れているところも興味深い点です。大学生たちも言っていますが、こうした手当のことが小学校の教科書に書かれているということに、単純に驚いてしまいます。

さらに驚くのは、失業というテーマが扱われていることです。しかもそれは、単に「仕事を失って可哀想」という個人の問題としてではなく、「失業は社会に問題を引き起こします」と論じ、その理由は「もし、家族も会社も経済的な問題をかかえれば、市や国にも影響を与えます。市は税金の収入が減り、同時に支出が増えることになります。なぜなら、市は失業した人々に対して手当を与えなければならないからです」とまで述べているのです。

さらにスウェーデンの教科書は、生活水準と格差の問題に立ち入っていきます。

ユニセフが二〇一六年に発表した「子どもの格差に関する報告書」[3]によると、日本では所得階層が下位一〇パーセントの貧困世帯の所得が平均的な世帯の所得に比べて六〇・二パーセントも低く、調査対象四一か国中で第三四位となっています（**図表4－1**参照）。これに対してスウェーデンの不平等度は四六・二パーセント（第一六位）と、飛び抜けて平等というわけではありませんが、日本に比べれば不平等度がかなり低いことが分かります。

しかしながら、スウェーデンの教科書では貧困や格差の問題にしっかりと焦点を当てているのです。収入が低くて、生活が苦しい家庭には生活保護が支払われるといったことまで詳しく説明されています。

大学生たちも述べているように、日本の小学生がこうした問題を意識することはあまりありま

（3）　UNICEFF (2016) Fairness for Children: A league table of inequality in child well-being in rich countries.

図表４－１　子どものいる世帯の所得格差

1	ノルウェー	37.0%
2	アイスランド	37.8%
3	フィンランド	38.3%
4	デンマーク	39.5%
5	チェコ スイス	39.6%
7	イギリス	39.9%
8	オランダ	40.6%
9	ルクセンブルク	41.2%
10	アイルランド	41.5%
11	オーストリア	41.9%
12	ドイツ	43.1%
13	フランス	44.0%
14	オーストラリア	44.8%
15	韓国	45.7%
16	スウェーデン	46.2%
17	ニュージーランド	46.5%
18	キプロス	47.2%
19	スロベニア	47.3%
20	マルタ	48.2%
21	ハンガリー	48.3%

22	ベルギー	48.4%
23	ポーランド	51.8%
24	カナダ	53.2%
25	スロバキア	54.2%
26	クロアチア	54.6%
27	リトアニア	54.8%
28	エストニア	55.6%
29	トルコ	57.1%
30	アメリカ	58.9%
31	チリ	59.0%
32	ラトビア	59.7%
33	ポルトガル 日本	60.2%
35	イタリア	60.6%
36	スペイン	62.6%
37	イスラエル	64.6%
38	ギリシア	64.7%
39	メキシコ	65.0%
40	ブルガリア	67.0%
41	ルーマニア	67.1%

注：所得階層が下位10%の貧困世帯の所得が、平均的な世帯の所得と比べてどの程度低いかを示している。

出所：UNICEFF (2016) Fairness for Children: A league table of inequality in child well-being in rich countries.

せん。もちろん、それは必ずしも悪いこととは言い切れません。たとえば、内閣府の「国民生活に関する意識調査」の二〇一五年調査において、自らの生活の程度を「中の中」と答えた人の割合は五六・三パーセントと過半数を超え、「中の上」と「中の下」を合わせた「中流」の割合は、全体の九二・一パーセントと大多数を占めています。そもそも、極度の貧困状態に陥っている人々は世論調査の対象者になっていないという点を差し引いても、この割合はかなり高いと言えます。

多くの人が自分を「中流」と見なし、貧困や格差が社会の問題として意識されないというのは、ある意味において「幸せ」なことです。しかし、こうしたことが個人の問題とされ、社会の問題として社会科の授業で取り上げてもらえなければ、生活の苦しい家庭の子どもたちは周囲の理解を得られず、自分の家庭を恥ずかしく思って孤立を深めることになります。

難民の問題をこの文脈で取り上げているのも、スウェーデンの教科書の大きな特徴と言えます。つまり、スウェーデンでは、難民は国際社会における貧困、格差という社会の問題であり、ゆえに自分たちスウェーデン人を含む国際社会が解決すべき問題であると見なしているのです。

日本の小学校でも、世界には発展途上の貧しい国々がたくさんあること、また難民という形で祖国を離れなければならない人々がいることを教えているでしょう。もちろん、発展途上国や紛争地域で貧しく苦しい生活を送っている人々を気の毒に思ったり、可哀想と思う気持ちは、大人も含めて誰しもがもっている感情です。

しかし、多くの日本人にとって、それはしょせん他人事ではないでしょうか。貧しい国々や難民の問題を、自分たちの問題として主体的に解決しなくてはならないと考えている人々が、現在の日本にそれほど多いとは思えません。

昨今の中東・北アフリカにおける難民問題への対応については、地理的・社会的・文化的条件や歴史的な経緯もありますので、スウェーデンと日本の対応の違いを単純に比較すべきではないでしょう。しかしながら、今後ますます世界情勢が不安定になるなかで、世界的な貧困や難民の問題が日本人に突き付けられるときが必ず来るでしょう。

環境問題についても同様です。日本でも環境問題への関心は高いですし、環境を守る必要性については、小学校でしっかりと意識させる教育を行っていると思います。ただし、大学生たちが指摘しているように、それは「環境」という章で学ぶものであって、「経済」の章で学ぶものとはなっていません。ましてや、「私たちの買い物は環境に影響を与えます」などとは書いていないでしょう。

とはいえ、やみくもに「環境を守れ」とか「経済活動をセーブしろ」と言っているわけではありません。この教科書が環境に関して子どもたちに伝えたいことは、「環境に責任をもった『持続可能な』決定を下すのは、常に簡単なことではありません」ということです。どのような決定を下せばよいのか、その答えは示されていないのです。なぜなら、それは子どもにかぎらず、またスウェーデンにかぎらず、答えの出ていない問題だからです。しかし、それを考えさせること自体には大きな意味があるのです。

ところで、このような「答えのない問題」は、小学校から高校まで日本の教育ではあまり大事にされていません。なぜなら、入試の問題には出ないため、勉強しても無駄と見なされているからです。最近、新たな大学入試改革の動きがようやく本格化していますが、こうした問題を解消することができるか、その行方が注目されます。

第5章

政 治

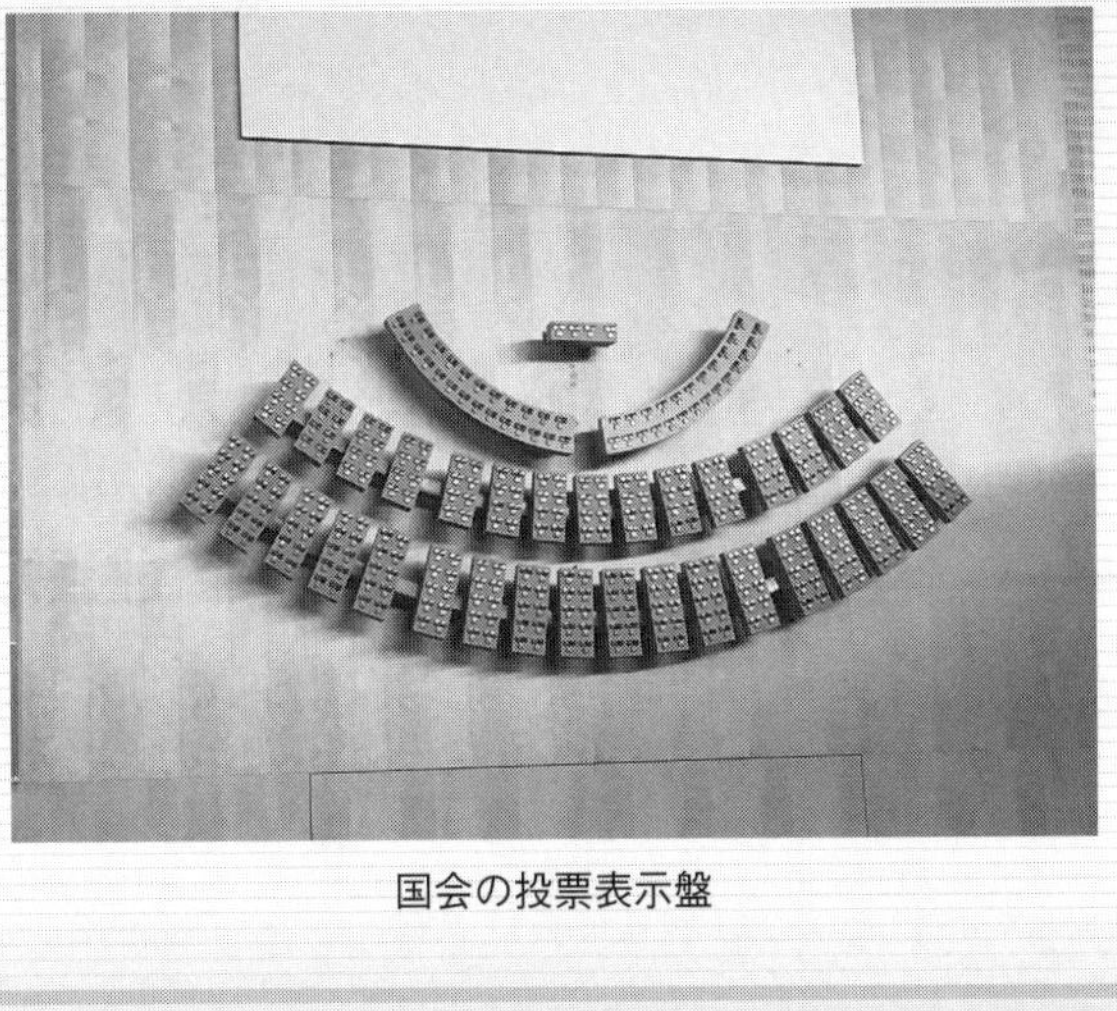

国会の投票表示盤

いよいよ、テーマが「政治」となりました。「はじめに」でも述べたように、スウェーデンにおける投票率の高さなどの理由が、この章を読んでいけば分かるかもしれません。国会や政府、選挙といった、日本の小学校の教科書でも扱っている事柄はもちろんですが、まずその前に「権力」や「国家体制」について説明をしています。

また、民主制の原則について詳しく述べたうえで、それを独裁制と比較している点、さらに自分の政治的な主張をいかにして社会で実現するかについて記している点などを見れば、日本の教科書とは大きく異なっていることが分かります。

選挙が行われると、得票の集計がはじまり、熱気が高まります。今回は、どの政党が勝ち、どの政党が負けたのだろうか？　このような熱気の盛り上がりは、ごく普通のことです。勝者となった政党は、来る四年間、スウェーデンの将来を担っていくことが許されます。

選挙では、どのような人々がスウェーデンにおける物事を決定できるようになるかを決めます。その人々のことを「政治家」と呼んでいます。みなさんが九年間学校に通うこと、学校でどんな勉強をすべきか、またみなさんが修了証を取得して全国テストを受けなくてはならないと決めたのも、政治家です。

政治的な決定は、スウェーデンに住んでいるわれわれすべてに影響を与えます。ただし、私たちもそれに影響を与えることができます。なぜなら、政治家に投票するのは私たちだからです。したがって、「決定しているのは私たちだ」と言えます。

- 一八歳以上の人は選挙権をもち、誰が社会の物事を決めるのかを選ぶことができます。
- スウェーデンは、軍事防衛によりお金を使うべきでしょうか、それとも就学前学校や学校に使うべきでしょうか。
- 市は道路を整備すべきでしょうか、それとも自転車道を増やすべきでしょうか。

森香保　ねぇ、みんなは選挙の話とか友達とする？

長谷川眞梨子　しないな〜。とくに日本の若い世代では、政治に対して興味をもっている人は少ないような気がする。

森　やっぱりそうだよね……。そう考えると、「選挙が行われると熱気が高まる」というムードは日本にはないような気がするね。

森香保さん

新村雄海　少なくとも、僕たちのような若者世代ではあまり選挙について話したりすることがないし、選挙期間でも、何か特別に変わった雰囲気というものを感じたことはないよ。

長谷川　スウェーデンでは、選挙期間中には「選挙小屋」が街中に造られるんだよね。

新村　日本では街頭演説などが行われているけど、これはないよな。選挙小屋が街中にあるっていうのも、選挙のムードや熱気を生み出すことにもつながっているように思う。

スウェーデンでは、誰がもっとも権力をもっているのでしょうか？

スウェーデンでは、実のところ誰がもっとも権力をもっているのでしょうか？　あなたはどう思いますか？　王様

建ち並ぶ選挙小屋

でしょうか？　それとも大企業でしょうか？　あるいは、首相でしょうか？　新聞やテレビ局などのメディアでしょうか？

ズラタン・イブラヒモビッチ(1)は人気のアイドルで、メディアによく登場します。彼は大きな権力をもっているでしょうか？

それとも、彼女でしょうか？　H&Mで持続可能性部長を務めるヘレーナ・ヘルメールソン（Helena Helmersson）さんは、二〇一四年に「スウェーデンでもっとも権力のある女性」に選ばれました。いや、やはり、私たちの王様、カール一六世グスタフ国王が物事を決めているのでしょうか？

スウェーデンでは、誰がもっとも

（1）（Zlatan Ibrahimović）スウェーデン・マルメ出身のサッカー選手。イングランド・プレミアリーグのマンチェスター・ユナイテッドFCに所属し、元スウェーデン代表である。ポジションはフォワード。

イブラヒモビッチ。パリ・サンジェルマン時代の2015年、UEFA チャンピオンズリーグ予選（シャフタール・ドネツク戦）でゴールを挙げ勝利に貢献（撮影：Богдан Заяц）

権力をもっているのかという問題については、いつも誰かが議論しています。みんなが例として挙げる人々は、王様は別として、あなたやほかの人々に影響を与えうる大きな権力をもっています。

けれども、誰がもっとも権力をもっているかということになると、どの人も当てはまりません。もっとも権力をもっているのは、スウェーデン国会なのです。なぜそうなのかについては、このあとに学んでいきます。

でも、王様はどうなのですか?

今の王様には、重要な政治的決定に影響を与える力はまったくありません。王様は、この国のほかのすべての人々と同じように、一票を投票できるだけです。みなさんはおそらく、王様がどの政党に投票しているかを知りたいでしょうね?

でも、そんなことを考える必要はありません。なぜなら、

王宮の正面(写真提供:田代匠)

王様は自分の選挙権を行使していないからです。王様はどの政党もひいきしませんし、ほかの人々が、王様と同じ政党に投票しようとするような影響を与えたくないのです。

森　このページでは、誰が権力をもっているかということについて説明されているけど、そもそも、この話題をいつも誰かが議論しているという時点で日本とはかなりのギャップがあるわよね。

新村　その通りだね。日本のなかで誰が力をもっているかとか、あまり考えたことがなかったかもしれない。

長谷川　仮に、誰が権力をもっているかを日本に置き換えて考えたとして、王様の次に大企業が来るというのが私にとっては違和感

新村雄海さん

長谷川眞梨子さん

があるわ。

森　私も、王様の次は首相が来るかなーと思ったから、びっくりした。

新村　日本では、経済と政治は分けられることが多いよね。ニュースでも、政治と経済の話題は分けられていたりするし。どうも日本人は、この二つを切り離して考えようとしているんじゃないかな？

長谷川　確かに、そうかも。「権力」という言葉を聞くと、どうしても政治的な事柄を連想してしまうわ。

森　個人名では、イブラヒモビッチ選手が挙げられているよね。権力をもっているのは誰かという議論で、彼のようなサッカー選手が出てきたのには驚いた。

新村　次に女性を挙げているというところがスウェーデンらしい。

長谷川　国王が政治的な決定に影響を与えないというのは、日本の天皇と共通するところがあるよね。

民主制における君主制

スウェーデンは君主制です。これは、私たちの国には、王様もしくは女王様がいるという意味です。

スウェーデンの君主制は、少し特別なものとなっています。まず、世界でも歴史が長い君主制の一つとなっています。また、スウェーデンは、性別にかかわらず、もっとも年長の子どもに王位を継承することを決めた最初の国でした。

一九八〇年以前では、男の子だけが君主になることができましたが、現在は、ヴィクトリア王女が次の君主になることが決まっています。

民主制における君主制に共通しているのは、王様が政治的な決定についての権力を失っていることです。その代わりに、国会がその権力をもっています。

共和制と大統領

君主制をとっていない国々のことを「共和制」と呼びます。共和制では、大統領を選び、王様や女王様はいません。共和制の国々では、やり方が少しずつ違っています。アメリカやロシアの

国	人口（100万人）	国家体制	女性大統領・首相の在任年数（2014年）
スウェーデン	9.5	君主制	0
デンマーク	5.5	君主制	2
フィンランド	5.4	共和制	12
ノルウェー	5	君主制	10
アイスランド	0.3	共和制	20

ような国々では、大統領がとても強い権力をもっていますが、フィンランドやアイスランドの大統領は、スウェーデンの王様と同じくらいの力しかもっていません。

［用語集］

君主制――国の元首が王様である国のことです。スウェーデンは、王様が何の権力ももたないことを意味する立憲君主制をとっています。王様が決定する権力をもっているところは絶対君主制です。

共和制――人々が自国の元首を選ぶ国は「共和制」と呼ばれます。共和制の国々の元首は「大統領」と呼ばれ、とても大きな権力をもっている場合もあれば、とても小さな権力しかもっていない場合もあります。

国家体制――国や国家の運営方式のことです。

新村　表にある女性大統領・首相の在任年数、スウェーデンは意外にも0《ゼロ》なんだ。

長谷川　本当！　今までスウェーデンを研究してきたけど、さまざまな制度が整っていて、男女平等が進んでいる国の代表例と言えるから、これは意外だわ。

新村　スウェーデンでさえこの現状だとすれば、日本での実現はまだまだ難しいんじゃないかと思ってしまうよ。

スウェーデンの市

スウェーデンでもっとも大きな権力をもっているのは国会と政府です。そこでは、スウェーデン全体にかかわる重要なことがすべて決められています。けれども、国会や政府が決めないことでも、重要なことはたくさんあります。たとえば、みなさんの市で起こっていることに関することです。

すべての市には「市議会」と呼ばれるものがあります。これは、市のなかの小さな国会です。市には、「市理事会」という小さな政府もあります。ここで首相に相当するのは、市議会の長です。

市で行われる決定

スウェーデンには二九〇の市があります。これらは小さな「ミニスウェーデン」です。政治的な決定は市議会議員が行います。そこでの決定は、その市に住んでいる人だけに当てはまります。

市が決定する分野の例

・学校　・道路と公園　・スポーツ施設　・雪の除去　・高齢者の介護　・図書館

森　市のことを「ミニスウェーデン」と表現しているところが面白いね。

新村　日本でも市の条例やルールは存在しているけど、市が独立して行政を行っているという感覚は薄いような気がする。

長谷川　そうよね。私は、自分の住んでいる市に所属しているという意識が薄いかな。どちらかというと、日本では都道府県の区切りのほうが重要視されているように思う。

森　スウェーデンでは、それぞれの市が多くのことを決めているんだね。

いつ、国会は決定するのでしょうか？

政治的な問題は、私たちが共同で使う税金の使途に関することが多いです。また、スウェーデンの学校の教育計画は、どのように変えたらよいか、私たちの軍事防衛はどのような形であるべきか、私たちの共通の環境をいかにして守るべきか、といった問題についても取り上げられます。

これらの政治的決定は、どこで暮らしているかにかかわらず、すべてのスウェーデン人に当てはまります。したがって、これらの問題について市が決定をすることはできません。もし、ストックホルム市に住んでいる人々が、ボーレンゲ市に住んでいる人々よりも多額の子ども手当を受け取るとすれば、それはとてもおかしく、公平ではないと思われます。そのため、こうした共通の決定は、スウェーデンの国会で行われています。

国が決定する分野の例

- 国防
- 子ども手当や住宅手当、疾病手当などの金額
- 鉄道、自動車道
- 法律

スウェーデンの国会議事堂

新村　この教科書は小学校四〜六年生向けということだけど、税金の使い道などの記述が多くてびっくりするよ。

長谷川　私たちがこの年齢のころに、税金自体がどんなものか、それがどんなことに使われているのかについて授業で教えてもらったかしら？

森　教えてもらったという記憶がないな〜。日本では、小学校で詳しく学ぶような内容ではないよね。

長谷川　スウェーデンでは、税金で福祉や教育が賄われている。だからこそ、幼いころから税金についての意識づけや教育をしておくことが重要視されているんじゃないのかな。

新村　こういう教育のあり方は、日本でも取り入れていいと思う。小さいころから税金などについて知っておくことによって、政治に対する若者の意識も変わってくるように思う。

民主的な決定

スウェーデンに暮らす私たちにとっては、すべての人が自分の考えを言い、もし社会で何か間違ったことがあると思ったら抵抗することができるというのは、当たり前のことです。私たちは民主制のもとで暮らしており、私たちの国で決められたことも民主的であるということは重要です。

国会や市、あるいは学校で決められたことが民主的であるためには、以下の要件が満たされなくてはなりません。

❶すべての人々が同じ価値をもっていること。つまり、全員が一票ずつもっていること。
❷自由な世論の形成。
❸表現の自由。
❹多数決の原則。
❺少数派の利益を考慮すること。

新村　抵抗することが当たり前という考え方は面白い。

長谷川　そうよね。日本だと「抵抗＝悪いこと」と教わるような気がする。

森　確かに！　先ほどもあったけど、デモとかにもあんまりいいイメージがないなー。でも、確かに間違っていると思ったら抵抗すること、主張することは大事だよね（四二ページ参照）。

新村　少数派の意見を尊重するのは大事なことだけど、スウェーデンと比べると日本は徹底されていないように思える。

長谷川　そうよね。ここでも、スウェーデンの平等を重んじる考え方が出ているような気がする。

民主的なクラス旅行

あなたが、クラスの仲間と「初めてクラス旅行に行こう」と、決めたと考えてみてください。出発する前に、まず以下のことを決めなくてはいけません。

- どこへ行きますか?
- どのようにしてそこへ行きますか?
- 旅行のお金はどのように集めますか?

すべての決定が民主的であるためには、以下の五つの価値と原則に従わなくてはなりません。

❶クラスの全員、先生、そして旅行に付き添う大人たちがみなそれぞれ一票をもっていれば、そこでなされる決定は民主的です。誰も、ほかの人より多くの票をもっていません。全員が同じ価値です。

❷いくつか提案が出てくれば、クラスのなかに集団が形成されることでしょう。他人に影響を与えるためにそのような集団をつくることが許されているなら、その決定は民主的ということになります。なぜなら、世論を形成するのは自由だからです。

❸さらに、クラスの全員が自分の考えを言うことができる環境があれば、その決定は表現の自

由を満たしているということになります。

❹投票することになって、ある提案がもっとも多い票を得れば、その多数を得た提案が「勝ち」となります。

❺ただし、それと同時に、少数派がいるかどうかを考慮しなくてはなりません。たとえば、クラスのなかには、動物の毛に対してアレルギーがある人もいるでしょう。その場合には、馬小屋や動物園といった所は、行先の提案リストから外しておく必要があります。

新村　他人に影響を与えるために集団をつくるという考え方を小学生に教えるところがとても面白い。

森　そうよね。日本の小学校では、「みんなで仲良く」って教わるだけだもんね。

民主制――いつ、私たちは決定をするのでしょうか？

民主制は、おそらく私たちの国でもっとも大切なものです。しかし、ある国が民主制の国であるというのは、どういう意味なのでしょうか？

それは、たとえば決定するのは国民であるということ、あるいはもう少し正確に言うと、一八歳に達した人が投票できるようになることです。

スウェーデンでは、四年に一度、政治の選挙が行われます。選挙権をもつすべての人が、いくつかの政党のなかから選ぶのです。選挙権をもつすべての人が、市・県・国会の政党と政治家を選びます。

代表民主制

民主制では国民が決定しますが、直接的ではなく間接的です。私たちは、政党に投票するときに、誰が決定できるかを決定することになります。政治家は、私たちの代表であり、私たちの主張を伝え、私たちがよいと思う方法で決定しなくてはなりません。政治家は、国会で私たちの代表をしているのです。

政党とは何ですか？

政党の党員は、彼らが重要だと思う社会問題に取り組み

国会の議場

ます。

人々は、それぞれ非常に異なる考えをもっていますので、選べる政党がたくさんあります。もし、あなたが、今ある政党では自分の意見と合うものがないと思うのであれば、新しい政党をつくってもよいのです。

森　日本も、スウェーデンと同じ代表民主制だよね。

新村　うん。でも、僕たち日本人は、自分たちの意見を代表してくれる人を選挙で選んでいるという意識がスウェーデンに比べると小さいような気がする。

長谷川　ほんと、これが日本の若者の政治に対する意識の低さに関係しているかもしれないね。

新村　新しい政党をつくるなんて、考えたこともないよ。

森　ここでも、他人に影響を与えるために集団をつくるという考え方が反映されているみたい。

独裁制――一人が決めるとき

今日の民主的なスウェーデンでは、性別やお金持ちかそうでないかということにかかわらず、すべての人が一票ずつもっているというのは当たり前となっています。

しかし、これまでずっとそうだったというわけではありません。お金持ちであればあるほど多くの票をもっていたという時代は、それほど昔のことではありません。スウェーデンの多くの市では、少数のお金持ちが全投票数の半分をもっていたという時期もありました。

民主制の原則にはまったく従っていません

独裁制に共通しているのは、社会のなかである集団だけが権力をもっており、他方、ほかの人々には権力がないということです。独裁者が、国民の多数に支持されているということはありません。普通、独裁者は、軍隊やお金持ち、あるいは特定の宗教といった少数の集団に支えられています。

独裁制における権力者は、自分が権力を維持するために、国民には国の統治や法律について疑問をもたせないようにしています。

- 多くの場合、一つの政党にしか投票できないか、投票する権利がありません。共通で平等の投票権がないのです。
- 表現の自由がありません。あえて抵抗しようとする人々は、長い期間拘束されるか、死刑にされます。独裁制のもとでは、国民は自分の意見を表現することを恐れるようになります。
- メディアはすべて管理されています。放送や出版には、すべて検閲があります。

新村　独裁制について、小学生にここまで教えるなんてびっくりだ！
森　ほんと。日本だと、「独裁制はよくない政治体制です」ということで終わりそう。
長谷川　この二つの政治体制の比較から、民主制化において自分たちがもつ権利の行使を促しているようね。

あなたはブログをはじめたり、フェイスブックのグループをつくったり（ただし、あなたが一三歳になってからです）、ツイッターにコメントを書き込んだりすることができます。あなたは、この市の子どもたちが、体育館で健康向上のためのプログラムに参加できるようになることが、どんなに大切なことであるかを示していくことができるでしょう。

地方の新聞やラジオ、テレビ局が、ニュースであなたの意見を取り上げてくれれば、あなたは世論の形成に成功したということになります。

メディアの助けを得て、あなたの意見と活動はさらに多くの人々に広まります。今は、おそらく政治家の耳にも届いています。

彼らはスウェーデンや市を、より暮らしやすい場所にしていきたいと思っていますが、それだけでなく、次の選挙で再び当選することも彼らの目的となっています。

みなさんが議論するときのコツがあります！

影響を与えたいことについて、あなたが知識をもっていることを世に示すことで常によい効果が期待できます。そのことを、頭に入れておきましょう。

とはいえ、学校の職員や両親、近所の人々、コーチ、そして最終的に政治家を味方につけるためには、誤字などの誤りがなく、正しく書くことが重要となります。あなたが、しっかりと準備が整っており、ちゃんとした文章が書け、そして自分の意見を冷静にしっかりと伝えることができるということを示しましょう。

新村　ここでは、自分の意見の発信方法について触れているぞー。

長谷川　私はツイッターやフェイスブックは、主に自分の身の周りで起きた出来事を報告するために使っているけど、二人はどう？

森　私はほとんど使わないかな。自分の意見を発信させたり、活動を世の中に広めたり、そのためにソーシャルメディアを利用しようなんて考えたこともなかった。

長谷川　そもそも日本は、個人の政治的な意見を公の場で話すことや発信することは、一種のタブーのような雰囲気があるよね。

新村　スウェーデンの教科書では、小学生に意見を発信する権利や自らの活動を広める権利があると言っている。そのため、ソーシャルメディアは身近で大きな影響をもつツールだし、一人ひとりの考えが政治家へ影響を及ぼす可能性をほのめかしている。

森　さらに、議論する方法と自分の意見を強める方法まで書いてあるよ。自ら行動を起こすことや意見をもつことの権利を示す一方で、実践に移すときのコツが示してあるのでイメージしやすいし、より具体的になるよね。

長谷川　私は、政治家の目的がきちんと書かれていることに驚いたわ。確かに、政治家って彼らの政治的なスローガンを掲げる一方で、選挙での当選も重要な目的の一つとなっているよね。この部分を小学生の教科書に載せていることが凄い！

新村　スウェーデンでは、より現実的に物事を見たり、考えたりすることが重要視されているのかもしれない。

民主的な選挙とは、どのようなものでしょうか？

投票は自主的なものです。そして、それは独裁制の国に住む人々がもっていない民主制の権利です。民主制の国のなかには、ベルギーやオーストラリアのように投票を義務にしている国もあります。つまり、人々は投票しなければなりません。投票をしなければ、罰金を払わなくてはならないということです。
スウェーデンでは、国会で活動してほしい政党に投票できるというだけです。人々は、ある政党の主張のすべてに賛成はできなくても、彼らがもっとも重要であると思う問題についてよい意見をもっているとすれば、その政党に投票します。
スウェーデンでは、八五パーセントの人が国の選挙に投票します。これは、最近の選挙で六〇パーセントしか投票しなかったアメリカに比べても高い数字となっています。

〈考えよう!〉

・もし、アメリカで半分以上の人々が自分の選挙権を使わず、大統領を選ばないという選択をしたら、アメリカの民主制にとって、どのような結果になると思いますか?

長谷川　この部分を読んで、スウェーデンでは投票は義務でなく、権利であるという考えがあるのかなーと思った。民主制の国のなかでも、個人の自由や意見を尊重する国なのだ、ということを言いたいのかしら。

森　投票はあくまで自主的なものだって書いてあるよね。スウェーデンでは「自主的」であることが重要なのかもしれない。

新村　投票の権利に関して、民主制と独裁制とを比較している点も斬新だね。日本の場合は、「投票＝義務」という認識がとくに若者の間で強いような気がする。民主制の国だけがもつ権利だって考えたら、日本人ももっと使うべきだね。

長谷川　〈考えよう！〉の質問が、小学生には難しいような気がするんだけど……。絶対に正しい答えがある質問ではないから、ここでも政治的な問題について、自分の意見をつくったり発信したりと、議論の練習をさせているのかなーって思った。

森　自国だけでなく、アメリカの例を挙げてほかの国について考えさせるところも凄いよね。小学生のうちに、広い視野で考える訓練をさせていることがよく分かるわ。

スウェーデンの政党は協力します

政府が国会で過半数を取るのは、とても大切なことです。その理由は、選挙のあとに、もっとも大切な提案を国会ですんなりと可決するためです。

国会の各政党は、さまざまな問題について異なる意見をもっていますが、お互いに協力し合っています。選挙の前から協力することもあるし、選挙のあとに協力を探ることもあります。

協力することの欠点は、もっとも大切な問題について、他の政党が何を望み、何を考えているのかを考えなくてはならないことです。けれども、問題によっては、「政治ブロック上の制限」に基づいて協力関係を結ぶことが珍しくありません。

妥協とは、どの相手も完全には自分の望み通りにならない形で合意に達することです。全員が少しずつ譲歩して、全員が少しずつ自分の望みを達成するのです。

〈考えよう！〉

・あなたが、何かの問題で妥協しなくてはならなかったことの例を、何か挙げることができますか？

新村　政党についてのページだけど、見出しが「スウェーデンの政党は協力します」だって。

森　小学生のころから異なる意見をもっている政党同士が、いかに協力し、結束しているかを教えられていたら、広い視野で政治を考えることができそうだね。

長谷川　日本では、「妥協」という言葉はネガティブなイメージがするよね。でも、この教科書では、全員が譲り合い、少しずつ自分の望みを達成することだ、とポジティブな説明をしているよね。平等や民主制を重んじる、スウェーデンらしい説明だなーって感じた。

ある日、あなたは学校で「モナーカディエン」という独裁国家についてのテレビ番組を見ます。あなたの役目は、「モナーカディエン」を、より民主的にするために三つの分野を選ぶことです。

❶以下の法律や規則のなかから三つを選び、この国がより民主的になるように、それらを変えましょう。あなたがなぜその三つを選んだのか、その理由をはっきりとさせておきましょう。

❷あなたが行う三つの変更は、どのように人々の生活を変えることになるのかについて説明をしましょう。

［モナーカディエンの法律と規則］

- 選挙は一〇年おきに実施する。
- 投票できる政党は一つしかない。
- 国は、独裁政党の党首でもある国王によって統治されている。
- 国内には監視カメラがたくさんある。
- 国内では、他人の電話を盗聴したり、他人のメールやSMSを読むことが認められている。
- 国王や独裁政党を批判した者は、重罰を受ける。
- 独裁政党の党員のみが外国を旅行する特権が得られる。

・選挙において党員は一〇票、その他の者は一票の投票権がある。
・独裁政党は、インターネット上で何が書かれているかを監視している。
・あらゆるデモは禁止されている。

◆◆◆◆◆◆◆

新村　全体を通して、自ら考えさせられる質問が多いね。この最後のページでは、政治の章のまとめを自分の身に置き換えて考えさせている。

訳者による総括

本書の「はじめ」に、スウェーデンは日本に比べて投票率が非常に高いこと、またその差は、とくに若い世代に顕著であること、そしてその背景には、若者も含めて多くのスウェーデン人が高い主権者意識をもっていることを述べました。その高い主権者意識を育てる教育のあり方は、他の章においてもさまざまな形で示されていますが、本章はまさにこのテーマの中心となっている部分です。

しかし、本章には「主権」という言葉が登場しません。その代わりに、「誰がもっとも権力をもっているのでしょうか」と問い掛けてきます。王様？　H＆Mの社長？　それともサッカーの大スターであるイブラヒモビッチ？　しかも、誰が権力をもっているかということを、誰かがいつも議論していると説いています。

他方、日本の教科書には「国民主権」という言葉が登場します。ただし、それは多くの場合、日本国憲法の三原則として説明されています。そのことが悪いわけではありませんが、日本では「三原則」となると、その三つをきちんと覚えることに重きが置かれてしまっています。その結果、「国民主権」という言葉は知っていても、その意味はよく分かっていない、なぜ大切なのかがよく分からない、ということになるわけです。

そもそも、国民主権は大切なことだから日本国憲法に定めたのであって、日本国憲法に定められているから大切だとするのは本末転倒となります。社会における権利のあり方を考えることなく、憲法に書いてあるから国民主権なのだというところからはじまっていることが、主権に対する当事者意識を希薄にしてしまっているとは言えないでしょうか。

「民主的な決定」のあり方についてしっかり記されているのも、スウェーデンの社会科の教科書の特徴です。一人一票の原則、世論形成と表現の自由、多数決の原則、少数利益の尊重といったことは、日本でも学級会の運営などのときに教えていると思いますが、社会科の授業のなかで教わっている小学生は少ないと思います。

民主制のもとで自らの意見を表明し、「最終的に政治家を味方につけるためには、誤字などの誤りがなく、正しく書くことが重要です」という文章も、さらっと書いてはありますが、とても重要なことです。日本であれば、よい成績を取るために、あるいは受験してよい学校に入るために言葉を正しく覚えなさい、漢字を正しく書けるようにしなさい、といった指導がされていますが、スウェーデンにはそれがありません。

小学校六年生まで成績表がなく、試験にも受験にも無縁な子どもたちに、正しいスペルを覚え、正しい文章を書くモチベーションを与える方法として、「自分の考えを正しく伝えて、他人を説得できるようにするため」という導き方をするのは、非常に理にかなっていることかと思います。

そもそも日本では、投票年齢に達していない者の選挙運動が公職選挙法によって禁止されています。これは、選挙と直接結び付かない政治活動については当てはまりませんが、総務省が高校生の副教材として配布している資料には、「あなたの通う高校の校則において、選挙運動又は政治活動につい

国会の演台で議員とともに

て制限が設けられている場合もありますので，学校の教員に確認してみるとよいでしょう」などと記されています。(2) 校則が国民主権に勝る、とまでは言いませんが、こうした記述は日本の政治教育のあり方を如実に表していると言えます。

政党についてもいろいろと書かれていますが、なかでも「もし、あなたが、今ある政党では自分の意見と合うものがないと思うのであれば、新しい政党をつくってもよいのです」という文章が目を引きました。日本の大学生たちも、「そんなことを考えたこともなかった」という感想を述べていますが、スウェーデンでは小学生に対して、こんなアドバイスをしているのです。

そもそも日本では、政治的な意見よりも人間関係が基盤となっている政党が多く、また世論調査では「支持政党なし」が常に有権者の半数を占めるなど、国民の信頼も得られていないので、政党という存在がかぎりなく軽いということも忘れてはならないでしょう。

さて、本章の後半では、独裁制について詳しく述べられていますが、これもスウェーデンの教科書の大きな特徴です。日本人からすると、小学校の教科書に「独裁」などという言葉が出てくることにまずぎょっとしますが、これには二つの教育的な効果があると思います。

一つ目は、自分たちが暮らす民主的な社会のよさを改めて認識できるという点です。今日では、

(2)　総務省・文部科学省『私たちが拓く日本の未来』九六ページ。

ともすれば当たり前になってしまっていることのよさを確認し、それを自分たちが支えていくという自覚をもたせることは、主権者意識の醸成において大きな糧となるはずです。

二つ目は、独裁制のもとで苦しい生活を強いられている他国の状況を理解できるようになること、またそのような生活から逃れてスウェーデンにやって来た難民の人々に対して思いを寄せることができるようになる、ということです。

とくに、二つ目に関しては、スウェーデン人がなぜ難民の受け入れに対して寛容なのかということを理解するうえで重要なことではないでしょうか。

第6章

法律と権利

スウェーデン国旗（写真提供：緒方日菜子）

この教科書が取り上げる最後のテーマは「法律と権利」です。日本でも、憲法やその条文、とくに基本的人権の尊重については少し触れていますが、中学校、高校の学習内容まで含めて、ここまで詳しく犯罪や刑法について知る機会はないだろうというほど詳しく説明されています。犯罪やそれに対する処罰のあり方については、日本では「道徳」の授業で扱う内容かもしれませんが、それでも具体的な量刑や責任能力の問題など、日本であれば、それこそ大学の法学部で学ばなければ触れることのない問題まで扱っていることに驚かされます。

後半の「権利」の部分では、スウェーデンだけのルールではなく、国際連合の「世界人権宣言」や「子どもの権利条約」を取り上げているところが、わが国の教科書とは大きく異なっているところだと言えます。

「なぜ法律があるの？」

社会は、法律や規則がなくてもうまく機能するかもしれません。それなら、「なぜ、そんなものがあるの」と尋ねたくなるでしょう。確かに、私たちはみんな、他人のモノを盗んだり、他人を殺したり、脅したりしてはいけないということを、どこかで学んで知っています。

それでも、すべての社会には法律と規則が必要なのです。交通面で言えば、交通規則がなければおそらくまったく機能しないでしょう。社会も、少しそれに近いのです。法律や規則は、社会に生きる私たち同士が協力しやすくするものなのです。

社会でもっとも大切な法律は、私たち人間の権利と民主制にかかわるものです。これらの法律は「基本法」と呼ばれています。

「すべての人間は、生まれながらにして自由であり、かつ、尊厳と権利とについて平等である。人間は、理性と良心とを授けられており、互いに同胞の精神をもって行動しなければならない」（国際連合の「世界人権宣言」第一条）

〈考えよう！〉

- 「すべての人間は、生まれながらにして自由」というのは、どのような意味でしょうか？これは、すべての人間がやりたいことをやれる権利ということでしょうか？

篠崎由佳　いきなり最初のページで、小学生に「生まれながらにして自由とはどういう意味か」と問うのって凄いよね。法律と権利について学ぶうえで、小学生にここまで考えさせるのがスウェーデンらしいというか、なんというか……。

濱元亮介　確かに、小学生のころに「自由とは何か」なんて考えたこともなかった。それに、スウェーデンでは国際連合の「世界人権宣言」が引用されているけど、日本だったら基本的人権の尊重が書かれたりしないかな？

法律と規則

あなたがサッカーやほかのスポーツをしているときには、何をしてよいか、何をしてはいけないかという規則が常につきまとってきます。規則がきちんと守られているかとチェックしているのが審判です。誰かが規則を破った場合、それに対してさまざま々な罰則を科すのが審判の仕事となります。

サッカー場から社会へと目を向けてみると、共通していることがたくさんあります。サッカー場における規則は、社会における法律に当たります。そして、サッカー場とまったく同様に、どのような犯罪を起こしたかを認定して、科すべき刑罰を定める審判＝裁判官がいます。

篠崎由佳さん

法律書にはすべての罪が記されています

スウェーデンでは、毎年、およそ一五〇万件の犯罪が報告されています。ある出来事を「犯罪」と呼ぶには、それがスウェーデンの法律書に記されていなくてはなりません。

ごく一般的な法律の例は次のようなものです。

- スウェーデンには、改正したり削除したりするのがとくに難しくできている四つの基本法があります。それらは、出版の自由に関する法律、表現の自由に関する法律、スウェーデンをどのように治めるかについての法律、そして私たちの国王・女王の役割についての法律です。
- 特別刑法には、交通に関する法律が記されています。
- 保健・疾病ケア法は、公共権に記されています。学校法も同じです。
- 刑法には、たとえば暴行や窃盗といったものに関する法律が記されています。

濱元　スウェーデンの四つの基本法って、日本でいう日本国憲法だよね。基本法が四つというのが変わっているね。

千葉彩夏　四つのうちの二つが出版の自由、表現の自由っていうところが面白いと思ったわ。

異なる犯罪には異なる刑罰

社会は、犯罪のなかにはほかの犯罪よりも深刻なものがあり、そうした犯罪はより重い刑罰を与えるように定めています。

たとえば、コソ泥は、多くの場合、罰金が科されます。強盗や傷害は禁固刑です。法律でもっとも厳しい刑罰は終身刑で、殺人の場合に科されます。

犯人にどのような刑罰が科されるかは、その他の事情によっても左右されます。もし、犯人が二一歳未満であれば、禁固刑を科される危険性は非常に小さいです。犯人が過去に犯罪を起こしたことがあれば、刑罰はより重くなります。

〈考えよう！〉

・刑罰を重くすれば、犯罪は減ると思いますか？

法律は変わります

何を犯罪と見なすのか、またどのくらいの刑罰が適切かは、それぞれ時代によって異なります。昔は、死刑が適切な刑罰と考えられていました。今日では、アメリカのいくつかの州を除

犯罪の例	犯罪の内容	刑罰／制裁措置
コソ泥	価値の低い物を盗むこと	罰金、または最高６か月の禁固刑
窃盗	盗んだ物の価値が高く、それによって他人を不快にさせること	罰金、または最高２年の禁固刑
強盗	暴力や、暴力による脅迫によって盗むこと	最低１年、最高６年の禁固刑
恐喝	たとえば、秘密をばらすなどの脅迫によってお金を求めること	罰金、または最高２年の禁固刑
飲酒運転	体内にアルコールを残したまま運転すること	罰金、または最高６か月の禁固刑
偽証	法定でウソをつくこと	最高６年の禁固刑
傷害	他人を傷つけること	最高２年の禁固刑
器物損壊	他人の所有物を故意に傷つけること	罰金、または最高６か月の禁固刑
殺人	故意に（計画して）他人を死なせること	10年、または終身の禁固刑

いて、すべての民主制国家で死刑が廃止されています。

社会が変化すれば、新しい犯罪も出現します。そのため、国会は新しい法律を制定しなければなりません。今、スウェーデンで急速に増えている犯罪は、さまざまなタイプのインターネット詐欺です。

なぜ、私たちは犯罪者に刑罰を科すのでしょうか？

法律書に記されている犯罪を起こせば、社会は犯罪者に刑罰を科します。

- 刑罰を与えることで、受刑者が刑罰を受け終わったあとに、より法律を守るようになります。
- 刑罰によって、ほかの人々が犯罪を起こすのを控える（怖がる）ようになります。
- 刑罰によって、犯罪被害者が「制裁を下し」、犯人を自ら処罰することを食い止めます。

犯罪者を刑務所に入れるというのは、単に刑罰を執行するというだけでなく、彼ら有罪となった人々を支援し、その助けになるということでもあります。

篠崎　えっ！　すべての民主制国家で死刑が廃止されているって本当なの？

千葉　死刑制度をもつ日本のような国が、世界の民主国家のなかでも多数派なんだと思っていた。

篠崎　スウェーデンは死刑制度をもたない国だと知っていたから、死刑制度についてもっと突っ込んで書いてあると思っていたのに、意外と短くしか触れていないんだね。

千葉　もしかしたら、死刑制度がないというのはスウェーデンの人にとっては常識なのかもしれないね。

濱元　でも、ここに日本が含まれていないということは、もしかしてスウェーデン人は日本を民主国家だと思っていないのかも……。

犯罪から刑罰まで

それにしても、犯罪を起こすと実際には何が起こるのでしょうか？　たとえば、こんな風になります。

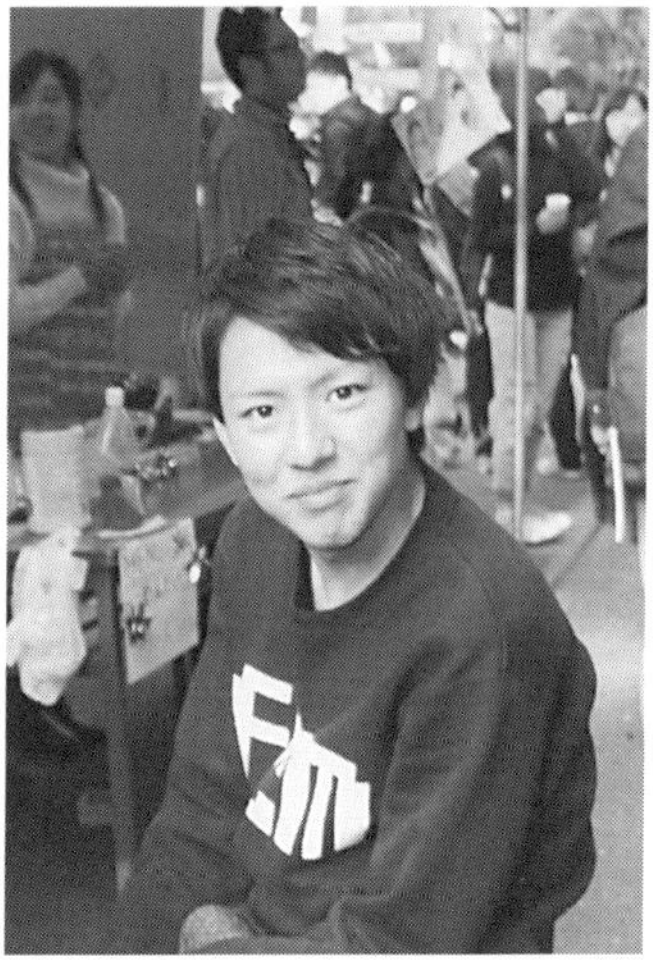

濱元亮介さん

千葉彩夏さん

FUNDERA!
Kan du komma på någon tänkbar orsak till att ungdomar slår sönder saker?

Illustrations by Carolina Ståhlberg © Carolina Ståhlberg（著作権代理：株式会社フランス著作権事務所）

――裁判がはじまるまでには、何か月もかかることがよくあります。その間、ヨハンは普段と同じ生活をしています。ただし彼は、これから行われる裁判のことで頭がいっぱいです。

――裁判には、ヨハンが犯罪を起こしたことを証明する検事がいます。

――ヨハンが自転車を壊したところを見た人は「目撃者」と呼ばれ、何を見たのかを話します。

――裁判は裁判官が指揮をとります。ここには、裁判員も同席します。彼らを合わせて「法廷」と呼ばれ、ヨハンに責任があるかどうかを決定します。

――法廷は、ヨハンに責任があり、罰として罰金を科す決定をしました。

人はなぜ犯罪を起こすのでしょうか？

犯罪にはさまざまな種類があります。人々が犯罪を起こす理由は、もちろんたくさんあります。

一〇〇年前、スウェーデンには「必要な犯罪」と呼ばれるものがありました。これは、人々が飢えて貧しいことから起きた犯罪のことです。彼らは飢えをしのぐために食料を奪い、寒さをしのぐために衣服を盗んだのです。多くの貧しい国では、まだそのようなことが起きています。

今日、スウェーデンでは生き延びるためにモノを盗むということはあまりありません。窃盗の原因はほかにあります。たとえば、盗んだモノを売ってお金を稼ごうとします。

〈考えよう！〉

・先に挙げた犯罪の表を見てください。人がなぜそれぞれの犯罪を起こすのか、その原因を何か思い付きますか?

盗まれたモノを買うというのは、「盗品売買」と呼ばれる犯罪です。したがって、あなたが何か中古品を買うときには、領収書を受け取ることが大切となります。盗品売買は、とくに中古自転車において発生しています。

篠崎　いくら昔の出来事とはいえ、餓えや寒さをしのぐために「必要な犯罪があった」ということを小学生の教科書に載せるのて凄くない？　そんなこと教えちゃっていいの？

濱元　確かに！　日本だと犯罪は絶対的な「悪」だとされていて、「必要な犯罪」ということは考えられないね。

千葉　そうよね。それに、犯罪の詳しい内容や、犯罪者の動機を小学生に考えさせるのは、ちょっと衝撃的だったな。

濱元　僕が小学生のときは、犯罪やイジメをしちゃいけないことは教えられたけど、どうしてその人が罪を犯すのかと、根本的な理由を考えさせられることはなかったよ。

犯罪の結果

刑罰の判決を受けた人には、困難な人生が待ち受けています。もし、刑務所に入っていたとなると、仕事や住居を見つけることが難しくなります。長い期間刑務所に入って出てきた人の多くは、自信を失い、家族や友人との連絡も途絶えがちとなります。

犯罪の被害者となった人も、しばしば支援や助けが必要となります。彼らは、長い期間にわたって病院に通わなくてはならないような深刻な傷を負うこともあります。また、たとえば通りで強盗に襲われた人は、外に出ることを怖がるかもしれません。

犯罪は社会にとってもお金のかかることです。人々を刑務所に入れておくこと、裁判を開くこと、犯罪被害者を支援することには、多くのお金がかかります。

ですから、若いうちに犯罪を起こした人を社会が助けようと努力することは、大切なことなのです。それは、若者たち自身のためにもなるだけでなく、社会としてもお金を使わずにすむからです。

千葉　スウェーデンでは、犯罪者を更生させることが、社会にとって長期的なメリットであると考えているみたいだね。

篠崎　そんな感じだよね。スウェーデンという国は、福祉制度もそうだけど、長期的なメリットを意識した考え方をするイメージが強いよね。

濱元　ゼミで女性の社会進出について勉強したときも、女性を社会の資源として捉えていて、長いスパンでのメリットを考えている点では類似するところがあるように思う。

篠崎　でも、いくらメリットがあるからといって、犯罪を繰り返してしまう人もいるかもしれないのに、そういう人を社会復帰させても大丈夫なのかな？

千葉　確かに怖いよね。スウェーデン人の、そういったところの寛容さってどこから来るんだろう。

濱元　死刑制度でもそうだったけど、人の自由を奪う権利がないという考え方が関係しているのかもしれない。

一五歳から責任能力があります

あなたは、一五歳になると責任能力があるということになります。これは一五歳になると、正しいことと正しくないことが判断できるようになる、と社会が決めたということです。

逆に言えば、一五歳になったら、自分がすることの責任が取れるようになるべきだということです。また一五歳になれば、犯罪を起こしたらどのような結果になるかを理解できるということでもあります。

> 他の国々には、別の年齢制限があります。アメリカやイギリス、フランスでは10歳から12歳です。ベルギーでは18歳です。
> スウェーデンの責任能力の年齢を10歳にしようとすれば、それに対して、どのような意見が出されると思いますか？

一五歳になって初めて、あなたは犯罪を起こしたという判決を受けることになるのです。

一五歳未満の場合は、何が起こるのでしょうか？

一五歳未満の人には、犯罪を起こしたという判決が下されません。その場合には、その子どもは親とともに、市の社会福祉士と面談をしなくてはなりません。面接や、相談員の助けを得て、なぜその子どもが犯罪を起こしたのか、それを正していくことになります。

もし、あなたが一五歳になる前に法律に違反することをしたら、それはあなたの両親の責任となります。たとえば、もしあなたが何かをわざと壊したら「器物損壊」となり、あなたの両親がその損害に対して一万クローナを支払うことになるかもしれません。

〈考えよう！〉

・法廷は、なぜ二一歳未満の人に対して、ほとんど禁固刑を科さないのだと思いますか？

千葉　日本では、責任能力が問われる年齢は一四歳、スウェーデンでは一五歳とあまり差はないんだね。

濱元　けど、スウェーデンでは責任能力が一五歳から適用されても、二一歳までは禁固刑が科せられず、基本的には親の罰金というのは、なんか不思議だね。

篠崎　選挙権が与えられる年齢はかなり前から一八歳だったし、若者の自立が早いイメージだったけど、刑罰に関しては当てはまらないんだ。

濱元　日本では、未成年でも禁固刑が科せられている。その一方で、選挙権がやっと一八歳以上になったというところに、スウェーデンと日本のギャップを感じるよ。

法のもとの平等

スウェーデンの国会は、犯罪に対してなど、私たちの社会がどのような法律をもつべきかを決めています。国会議員を決めるのは私たちなので、法律には民主的な裏付けがあるということです。

人は、自分が裕福であるか貧しいか、あるいは有名人であるかそうでないかといったことにかかわらず、みんな同じように扱われるという信頼感をふまえておかなければなりません。「法のもとの平等」という原理は、民主制には欠かせないものとなっています。

また、民主的な社会では、権利の保障も欠かすことができません。これは、犯罪を告発されたすべての人に、裁判において自分を守る権利があるということを意味します。

独裁制には権利の保障がありません

独裁制の国においては権利の保障がなく、人々は法のもとで平等ではありません。

若い男の人が犯罪で告発されたとしましょう。その人は捕まって刑務所に送られましたが、彼はどんな罪で告発されたのか分かりません。彼は、自らを守ってくれる弁護士に会うこともできません。長い期間、刑務所で過ごしたのち、やっと裁判がはじまります。そして、ようやく自分が窃盗で告発されたことを知ります。裁判には、検事もメディアの監視もありません。彼には、長期間の禁固刑が科されました。

同じ国では、何百万クローナも盗んだとして告発された有名な政治家が釈放されています。誰もが、その政治家は法廷に賄賂をわたしたのだと思っています

この国では、市民は法のもとで平等ではありません。そこには、権利の保障がないのです。

濱元　法のもとの平等によって、犯罪を告発された人にも自分を守る権利がある、と教科書には書かれているけど、日本ではあんまりそういった捉え方をしないよな。

千葉　もちろん、日本にも犯罪者を守る制度はあるけど、スウェーデンは犯罪者に対して手厚すぎるくらいの保護を与えているようにも思えるわ。

篠崎　そうよね。同じ「法のもとの平等」であっても、犯罪者に対して、そこまで権利や保障を与えるのは、日本で育った私としては少し違和感を感じたわ。

公共アクセス権

人は外に出て自然に触れることで気分がよくなると、多くの人たちが考えています。散歩をしたり、ボートを漕いだり、ベリーやキノコ狩りをしたり、ジョギングをしたり、キャンプをしたり、泳いだり、遊んだり、といったことです。

スウェーデンでは、私たちみんなが自然に接することが大切であると考えています。そこで、私たちの基本法は、「すべての人は、公共アクセス権によって自然に接することができる」と定めて、その権利を明記しています。

しかし、ほかのほとんどの国では、他人が所有している森林に立ち入ることは許されていません。

平静を乱したり、モノを壊したりしてはいけません

ただし、私たちもまた自然を保護する義務を負います。私たちは植物を傷つけたり、動物の

暮らしを乱したりしてはいけません。また、基本法に記されているように、私たちは「それ（自然）との関係について思いやりと分別を示す」必要があります。

自然区域のなかには、公共アクセス権以外の規則が適用される場合もあります。それは、自然保護区域と自然公園です。自然保護区域に関するこれらの特別法は、そこで過ごす人たちに対して、公共アクセス権が認めるよりも大きな自由を与えることもあれば、その逆になることもあります。

- 森林区域でキャンプをして何日か過ごすことができますが、クラス全体で過ごすとなると、その土地の所有者に許可を得なくてはいけません。
- 農家が作物を新しく植えたばかりの地域に、足を踏み入れることはできません。また、作物を傷つけてはいけません。
- たとえば、庭のなかでコーヒー休憩をするなど、人の家や庭に近づきすぎてはいけません。それでは、住んでいる人の平静を乱すことになります。
- 門のある草原を通る際には、通ったあとに門をきちんと閉めなくてはなりません。
- 地面に落ちている木片や枝を拾うのは構いませんが、木についているものを折ってはいけません。
- キノコや保護対象に指定されていない花は採っても構いません。

・ほとんどの場合、好きなように泳いでも構いませんが、私有されている橋や、誰かが住んでいる近所はいけません。
・三月一日から八月二〇日までの、動物に子どもが産まれる時期には、犬のリードを外して自由に走らせることはできません。

千葉　公共アクセス権って、私たちにはあまりなじみのない権利だよね。
篠崎　ほんと、スウェーデンについて勉強するまでは全然聞いたことがなかったわ。ほかの人の土地であっても自由に出入りしていいなんて、日本では考えられないことだよね。
濱元　スウェーデン研修のときに森でブルーベリーを摘んだけど、これも公共アクセス権が適用されていたからなのか。公共アクセス権について今回初めて知ったけど、今考えると納得してしまう。（笑）
千葉　友達のスウェーデン人は、この公共アクセス権をすごく自慢していた。私たち日本人に馴染みがないだけでなく、世界でもとても珍しい権利なんだって！

森でベリー摘み（写真提供：桝永優）

世界人権宣言

世界人権宣言は、国において何が正しくて何が正しくないのかについて書かれたルールブックのようなものです。世界人権宣言の目的は、国際連合が平和で自由、かつ公正な世界を築くための支えとなることです。

世界人権宣言は30条から成っています。第1条には、次のように記されています。

「すべての人間は、生れながらにして自由であり、かつ、尊厳と権利とについて平等である」

この考えは、人はみな、生まれた場所や属している宗教、あるいはどんな肌の色かということにかかわらず、同じだけの価値をもっているということです。大切なことは、これが世界中のすべての人に当てはまるということです。

すべての人に当てはまる人権というのは、たとえば、以下のようなことです。

- 教育を受け、読み書きを教わる権利
- 自分の意見をもつ権利
- 難民として受け入れられる権利
- どの神様を信じるか、あるいはどの神様も信じない権利
- 住居をもつことができる権利

人権宣言は法律ではありません

一九四八年に、国際連合が世界人権宣言を初めて発表しました。今日では、何と三六〇もの言語に翻訳されています。

国際連合の人権宣言は法律ではありません。ある国が人権宣言を受け入れたとしても、それに従う必要はありません。とはいえ、人権宣言の内容はしばしば法律に記されています。たとえば、スウェーデンの法律書には、信教の自由について記されています。スウェーデンにおけるすべての人は、どの神様を信じるか、あるいはどの神様も信じないかについての権利をもっています。

千葉　世界人権宣言について、小学生のころに習った？

篠崎　うーん、どうだったかな？　軽く触れた程度だったかもしれない。

濱元　僕は、大学に入って初めて聞いたような気がする。小学生のときは、日本国憲法を勉強した記憶しかないかな。

篠崎　そうなんだ。やっぱり日本では、自国の「基本的人権の尊重」を世界人権宣言よりも大切にしているのかもしれないね。

千葉　スウェーデンが世界人権宣言を重要視しているのは、スウェーデンが難民をたくさん受け入れる多文化共生国家であるということも、一つの理由かもしれないね。

濱元　そっか、世界人権宣言があまり意識されていないことも、日本で難民の受け入れが進まない理由かもしれない。日本では、権利の保障というものは、自国民にしか向けられていないというイメージが強い。

篠崎　そう考えると、スウェーデンに比べると日本って少し閉鎖的なのかな？

私たちはどのような義務を負っているのでしょうか？

私たちの義務については、世界人権宣言のようなものはなく、それぞれの国がすべて自分たちの手で決めています。だからといって、義務が大切ではないということではありません。それどころか、義務がなければ社会はうまく機能しません。スウェーデンの法律書に記されている義務には、次のようなものがあります。

・あなたは一年生から九年生まで、学校に通わなければなりません。

〈考えよう！〉

- 学校に行くのは、義務でもあり、権利でもあります。それはなぜでしょうか？
- あなたは働いて給料をもらったら、税金を払わなくてはなりません。
- あなたは、裁判所に呼ばれたら、目撃者として法廷に立たなくてはなりません。
- あなたは、誰かが犯罪を計画しているという疑いをもったときは、警察に知らせなくてはなりません。

もし、権利と権利がぶつかったら

時には、二つの権利がぶつかることがあります。たとえば、ある人が望むこと、思っていることを言う権利が、いかなるグループもそれに対する扇動にさらされることがない、という権利とぶつかることがあります。

自分の意見を表明することと、脅しや侮辱からグループを守ることとでは、どちらのほうが大切であると思いますか？

千葉　私が小学生のころは、学校に行くことは義務であって、権利であるって意識したことはなかったかもしれない。とくに、権利のほうは……。

篠崎　学校に行くのが権利だなんて、私は思っていなかった。当時は、学校には「行かなきゃいけない」っていう義務感のほうが強かった。

濱元　僕も学校に行くことは義務、勉強することも義務だと思ってやっていた。もし、学校に行くことが権利だと考えて通っていたなら、ちゃんと勉強したかもしれない。(笑)

あなたの、そしてほかの子どもたちの権利

一九八九年に国際連合は、子どもに関する権利についての提案を行いました。これは、「子どもの権利条約」と呼ばれるものにまとめられています。「子ども」には、あなたをはじめとして、世界にいるすべての子どもたちや若者たちが含まれます。その後、現在まで、ほとんどすべての国の政府がこの規則に従うことを約束しています。

以下がその例です。

①一八歳未満の人は、子どもであると見なします。

②あなたには、生まれた場所や肌の色、どの神様を信じているか、裕福か貧しいか、女の子か男の子か、などの違いにかかわらず、ほかのすべての子どもたちと同じ権利があります。

③あなたのことを決める人は、常にあなたにとってもっともよいことが何かということを考えます。
⑦あなたには、名前をもつ権利、一つの国の市民となる権利、親族に会う権利があります。
⑫あなたには、自分がどう思っているかを述べる権利があります。大人たちは、あなたの意見を聞かなくてはなりません。
⑯あなたには、安全な場所で暮らし、自分のプライバシーを守る権利があります。
㉘あなたには、無料で学校に行く権利があります。
㉛あなたには、遊び、休息し、自由な時間を過ごす権利があります。
㉜あなたには、厳しくて危険な仕事から逃れる権利があります。
㊳あなたは、戦争や兵役から身を守られます。

世界の子どもたちは、どんな気持ちで過ごしているのでしょうか？

「子どもの権利条約」は、子どもや若者を守るためにあります。とはいえそれは、常に規則通りに機能しているわけではありません。このような権利があるにもかかわらず、貧しい国々で厳しい仕事をしたり、学校に行くことができない子どもたちがいまだにいます。

また、「子どもの権利条約」には、子どもたちを兵士にしないように守るべきであると記されていますが、兵士となった子どもたちは世界中にいるのです。

篠崎　第3章「個人と集団」でも出てきたけど、「子どもの権利条約」（六〇ページ参照）というのを知っていた？

濱元・千葉　（声を揃えて）知らなかった！

篠崎　だよね。日本では適用されていない項目、たとえば「無料で教育を受ける権利」もあるし、なかなか知る機会って少ないかもしれないね。

千葉　そもそも、子どもが権利を主張するっていう発想が、私たち日本人にはあまり馴染みがないよね。

濱元　「子どもの権利条約」では、子どもが権利をもつことによって、「小さなオトナ」ではないけれど、大人と同じように個人の意志が尊重されているというイメージがある。

篠崎　確かに、そうよね。日本では、まだまだ子どもは守られる対象と見なされているように思うな。

千葉　このパート全体を通して、スウェーデンという国は、移民も、犯罪者も、子どもも、国民一人ひとりを権利で守るという制度が整っているんだと感じたわ。そういう意味で、この教科書が多用している世界人権宣言の「すべての人間は生まれながらにして自由」という一言は、スウェーデンの法律と権利を表すのに最適な表現なんだと思う。

訳者による総括

本章には、「小学生にそこまで教えるのか?!」と思われるような内容がたくさん見受けられます。大学生たちも驚いていますが、まずいきなり「世界人権宣言」の第1条を取り上げて、「すべての人間は、生まれながらにして自由」ということについて、どのような意味があるのかを考えさせています。

その問い掛けもさることながら、「世界人権宣言」からはじめるのが、いかにもスウェーデンらしいところと言えます。日本であれば、その出発点は日本国憲法になると思いますが、日本国憲法の場合は、常に「日本国民」が主語です。基本的人権の尊重も、憲法に書かれているかぎりは、常に日本国民が念頭に置かれています。

もちろん、日本でも大多数の人々は、日本国民でなければ基本的人権を認める必要はない、などとは考えていないでしょう。けれども、このような出発点の違いからして、スウェーデン人と日本人の世界を見る目が根本的に違っているような気がします。

ちなみに、人権についての規定は、スウェーデンの基本法（憲法）の一部をなす統治法に含まれていますので、スウェーデンも日本と同様に「わが国では……」という教え方もできるのですが、あえてそうしていないと見るべきでしょう。

さて、スウェーデンの教科書は、人権や法律について基本的なことに触れたあとに、刑罰や犯罪について非常に具体的なことを説明していきます。おそらく日本では、小学生はおろか大人であっても、窃盗や殺人の法定刑について知っている人はごく少数だと思います。あるいは、大学生たちが驚いているように、先進諸国のなかで死刑制度が存続している国は日本を含めてごくわずかである、ということを知っている人は非常に少ないかもしれません。

また、犯罪を起こすと、どのようにして刑事裁判が行われていくのかという手続きがマンガ形式で描かれています。こうしたことは、日本であれば「罪を犯さないかぎり知らなくてもいいこと」なので、とくに子どもに教えるべきではない、ということになってしまっているような気がします。先に「メディア」の章でも触れましたが、日本の教育では、危ないことには近寄らせない、触れさせないということが基本的な立場となっているからです。

年齢と責任能力に関する記述も興味深いところです。現在、スウェーデンでは責任能力が一五歳以上となっており、小学生にとっては「まだ先のこと」と考えてしまうかもしれませんが、教科書では他国の例を挙げつつ「もし一〇歳に下げるとすれば、どのような意見が出されると思いますか?」と問いかけています。また、二一歳未満の人に対してはほとんど禁固刑を科さないという法廷の慣例を示し、「それは、なぜなのか？」を考えさせようとしています。

年齢と責任能力の関係は、日本でもたびたび議論に上ります。しかし、多くの場合、それは年少者による凶悪な犯罪をきっかけとしており、冷静さを欠いていることが少なくありません。そして、ニュースが出尽くすと、さっと波が引いたように人々の関心が薄れ、しっかりとした議論に結実しません。どのような立場を取るにしても、こうした社会的に重要な問題について、学校教育の場でしっかりと考える力を身に着けさせるのは、とても大切なことだと思います。

ところで、教育を受ける権利と義務について、スウェーデンでは「学校に行くのは、義務でもあり、権利でもある」と記しています。これに対して日本の大学生たちは、「義務」とばかり思っていて、「権利」とは考えていなかったと述べていますが、もちろん日本国憲法では、「すべて国民は……ひとしく教育を受ける権利を有する」（第26条）と定められています。むしろ義務については、「教育を受けさせる義務」が保護者に定められているのみで、生徒たち自身に課せられた義務とはなっていません。

他方、スウェーデンでは義務教育は子どもの義務であり、保護者に対しては、子どもがその義務をきちんと果たすように気を付ける義務があるとされています。もちろん、実質的には両者とも変わりはないのですが、日本のほうが子どもを大事に扱っているようでいて、義務を課すほど一人前の存在と見なしていないことが、こうした差に現れているような気がします。

スウェーデンでは、子どもを半人前としてではなく、権利と義務を有する一つの人格と見なしていることが、国際連合の「子どもの権利条約」に言及して、「君たちにはこれらの権利がある」という文面を明示していることからも分かります。

「子どもの権利条約」は日本も批准していますが、一九九〇年に国際条約として発効してから四年も経過してからのことでしたし、批准したあとも、教育の場でそれほど重要視されているようには思えません。小学校はおろか高校の政治経済においても、いくつかの教科書でほんの数行触れられている程度です。

要するに、日本の大学生たちが述べている通り、スウェーデンにおける子どもは、大人とは分けて考えられるものではなく「小さなオトナ」なのです。つまり、子どもは心身ともに発達途上であっても、大人と同様、個人の意志が尊重される一人の主権者として扱われているということです。

訳者あとがき

本書をまとめる前に、スウェーデンの社会科の教科書について何度か講演をさせていただく機会があり、さまざまな方から貴重なご意見をいただきました。そのなかでもとくに印象に残っているのが、ある小学校の先生がおっしゃった「スウェーデンの教科書は素直なのですね」という一言です。

そのときにはあまり時間がなく、さりげない一言だったのであまり気にも留めていなかったのですが、のちに思い出すにつけ、この言葉はかなり本質を言い当てているなーと思うようになりました。

その先生の意図と必ずしも合致しないかもしれませんが、私なりに解釈すると、スウェーデンの教科書の「素直」さとは、人として学んでおくべきことを躊躇なく教えている、ということではないかと思います。

たとえば、「第2章メディア」で広告に秘められた意図や隠れた広告について指摘し、「第3章個人と集団」で離婚やイジメについて詳しく取り上げ、「第4章経済」では失業や貧困の問題について繰り返し説明をしています。また「第6章法律と権利」では、若者の犯罪や、自分が罪を犯した場合、どのような手続きが実際に進められるかということがつぶさに書かれています。

なぜ日本では、こうしたことが教えられないのでしょうか。すでに各章のなかで繰り返し述べたことですが、それはやはり、子どもを大人とは違うもの、保護すべき対象と見なしているからだと思います。

もちろん、スウェーデンでも子どもは保護されるべき対象なのですが、日本では「現実的なもの、望ましくないものにはなるべく触れさせない」ということが保護であるのに対して、スウェーデンではそういったことを直視させながら、自分で自分の身を守る方法を身に着けさせることに主眼が置かれているように思います。その根底にあるのは、子どもを大人と同じ一つの人格として信頼しているという姿勢です。

現在のスウェーデン政府は、若者が若者としての独自性を発揮して、政治や社会に貢献することを「若者政策」の柱として掲げていますが、これはまさに、その信頼感の表れであると見ることができます。

スウェーデンをよく知る日本人の間では、「スウェーデンと日本の同年代の若者を比べると、日本の若者のほうがずっと未熟だ」とよく言われますが、その理由は、まさにこの点にあります。

極論すれば、日本では、たとえ大学であっても学校に通っている間は一人前とは見なされません。学校を卒業して、「社会に出て、初めて社会人になる」のです。これに対してスウェーデンでは、基本的に生まれたときから「社会人」なのです。

そういえば、数年前、日本に留学していたスウェーデン人に日本のマンガについて尋ねたところ、「学園マンガが好きだ」と言っていました。彼いわく、「大人と分け隔てられた子どもの世界があることが、スウェーデン人の自分にとってはうらやましい」とのことでした。何とも、複雑な気分にさせられたことを覚えています。

ともあれ、スウェーデンでは小さなころから一人前に扱われるので、社会の一員として、主権者として、政治に参加することが当然のごとく認められています。これに対して日本では、大人であっても政治への参加は特別なことであると見なされがちです。大人ですら特別なのですから、そんな「アブナイこと」を学校で子どもに教えるなんて……となるのでしょう。小学校のみならず中学校、高校まで含めた社会科の現在の姿には、このような背景があるように思います。

実際、日本の「社会」という科目は、高校の「現代社会」や「政治経済」までを含めて、国会や政府、法令などの「仕組み」は教えるのですが、「政治」についてはあまり教えていません。政治活動は、学校教育の妨げとならぬよう、校則で許された範囲でのみ認められるというのが政府の立場となっています。もとより、大学入試には何の利益にもなりませんし、就職においては、政治活動を行っていたという経歴はむしろ足を引っ張ることになるでしょう。

政教分離とは、政治に宗教は関与しないという原則のことですが、日本では、まるで「政治は教育の場では扱わない」という意味なのかとさえ思えてきます。もちろん、教員が特定の政治思想を生徒に植え付けるようなことがあってはなりませんが、現在の教育システムにおいては、若者にかぎらず日本人全体の主権者意識が希薄であるのは至極当然のような気がします。

投票年齢の引き下げを意識して模擬選挙を実施した高校もありましたが、スウェーデンのように現実の政党に対する投票ではなく、架空の政党を設定して、それに投票するというものでした。言葉は悪いですが、「オママゴト」の領域を出ないものが大半であったように思います。

とはいえ、今の日本の若者たちが社会に対する関心が希薄かと言えば、必ずしもそうではありません。内閣府の「社会意識に関する世論調査」によれば、「社会のために役立ちたい」と思う人の割合は、全年代、とりわけ若い年代において上昇傾向にあります（**図表終－1**参照）。

このことは、大学の教員として日々若者たちに接している実感とも一致します。しかし、若者たちと接していて同時に感じるのは、本書の冒頭にも示した政治的な無力感です。つまり彼らは、自分が社会のために役立ちたいとは思っているものの、それをどのように政治に反映させたらよいかが分からないのです。社会への貢献意識が高まるほど、自己の無力さに対するフラストレーションは大きくなります。

図表終－1　社会のために役立ちたいと思っている人の割合

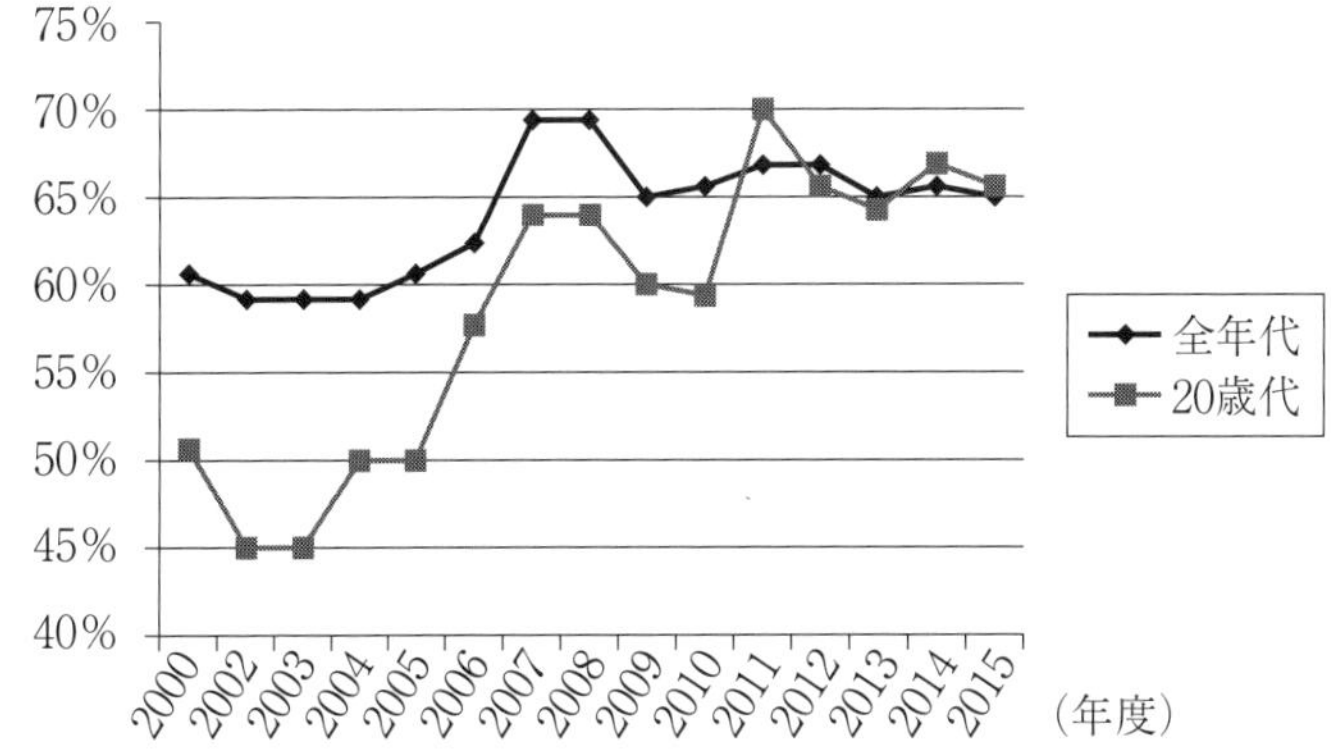

資料：内閣府『社会意識に関する世論調査』、2000年～2015年度版。

政治的教養の欠如は、民主主義における深刻なリスクともなります。政治的な状況を理解する能力がなければ、候補者の主張の矛盾に気が付かなかったり、分かりやすい争点のみに目を奪われて、とりあえず縁故のある人や有名タレントに投票したりしてしまいます。ひょっとしたら、「分からないのに投票するのはかえって失礼」などと言いつつ、棄権する人がますます増えるかもしれません。

何か自分が得するわけでもないのに投票に行くのは、学校の優等生のような「意識高い系」、あるいは、政治に関心を向けられるほど時間や生活に余裕がある人と見されてしまうというのも、おかしな話です。

最近では、憲法改正を含め、国の根幹について改めて考える機運が高まっています。日本では戦後長らくの間、まるで政治の議論を生徒たちから遠ざけるように、憲法改正の是非について国民が議論すること自体を危険視するという論調が支配的でしたが、それがまさに日本人の主権者意識を妨げてきたと言えます。

二〇一六年六月にEU離脱をめぐるイギリスの国民投票が行われたあとに、それを日本国憲法改正の際の国民投票と重ね合わせて、日本で国民投票を行えば、イギリスと同様、いやむしろもっとひどい混乱が起きるのではないかという声が上がりました。

多くの日本人にとって政治とは、どこかで誰かが勝手にやっているもの、そして法律は、誰かエラい人が勝手につくっているものなのです。不満があれば文句を言うし、スキャンダルを起こした政治家にはとことん厳しいのですが、その政治家を選んだのは自分たちであり、責任の一端は自分にもあるといった当事者意識がほとんど感じられません。

そんな人々に責任を委ねて、国民投票を行うのは無謀なことなのかもしれません。国民投票前夜のイギリスのように、国論が二分して社会的な緊張が高まることになるかもしれません。しかし、だからといって、このまま避け続けるのがよいこととも思いません。憲法を変えるのは大変だから、解釈を変えて法律を通せばよいなどという理屈は、およそ本末転倒です。

それでは、まずは教育によって国民の主権者意識を醸成し、機が熟してからやればいいじゃないか、という声もあります。それは正論ですが、「増税する前に、まずは構造改革を」というのと同じく、物事を先送りする方便にも聞こえます。それよりは、むしろ国民投票の実施をテコにして主権者意識を高め、政治的教養を深めるほうがより現実的であるように思います。

イギリスでは、事前の予想に反して「離脱支持」という結果に終わりましたが、あの国民投票を経て、大多数のイギリス国民が「ＥＵとは何か」を真剣に考えたことには、とても大きな意味があったと思います。

こんな風に書くと、「国民投票は教材ではない」とか「憲法をなめるな」などという批判を受けるかもしれません。しかし、憲法というこの国の根幹をなす決まりに対して、多くの人々が当事者意識をもたぬままにしておくことは、それこそ国民をなめた恐ろしい状況だと言えます。

憲法は、宗教の聖典ではありません。憲法をころころ変えるのがよいこととは決して思いませんが、安定性を求めるあまり、国民の手の届かないものにしてしまっては意味がありません。民主主義において大切なのは、国民投票について書かれているのが憲法の第何条かを言い当てることでも、憲法改正の発議の条件を暗記して、テストの答案に書くことでもありません。自らが国民の一人として、憲法のあり方を判断する力をもっていることを自覚することなのです。

いわんや「国民投票＝憲法改正」ではありません。国民投票によって憲法改正の発議が可決されれば、もちろんそれが国民の選択ということになりますが、もし否決されれば、現在の憲法を維持したいという国民の意思が明らかになったということですから、それはそれでよいと思います。

そしてこのように、国民主権が何たるかを大人たちが実践することが、次世代を担う子どもたちにとって、どんな教科書にも勝る「最高の教材」となるはずです。

最後になりますが、筆者の訪問を快く受け入れ、翻訳の許可をくださったスウェーデン、Liber社のシャーロッテ・エリクソン（Charlotte Eriksson）さん、ともにこの小学校教科書を読んで議論を重ね、対話形式の原稿を整えつつ、一般社団法人スウェーデン社会研究所主催の研究講座における発表に臨んでくれた明治大学国際日本学部鈴木ゼミ第五期生一九名（山室実優さん、坂本雅俊さん、藤崎理恵さん、神谷里菜さん、春花紗月さん、川田美緒さん、加藤安悠実さん、小林麻耶さん、北條美央莉さん、高嶋美久さん、野村紗友里さん、崔理香さん、島崎さとみさん、森香保さん、新村雄海さん、長谷川眞梨子さん、篠崎由佳さん、濱元亮介さん、千葉彩夏さん）、本書の企画段階からずっと支え続けてくださった株式会社新評論の武市一幸さん、そしていつも傍で私を支えてくれる両親、妻の礼子、息子の賢翔に対して、深い感謝の意を表します。

二〇一六年　秋

鈴木賢志

編訳者紹介

鈴木賢志（すずき・けんじ）

1968年、東京都生まれ。明治大学国際日本学部教授。政治・国際研究博士（PhD）。

1992年に東京大学を卒業し、株式会社富士総合研究所（現みずほ情報総研）に勤務後、英国ロンドン大学に留学。その後、英国ウォーリック大学を経て、1997年から2007年までスウェーデン、ストックホルム商科大学欧州日本研究所で研究・教育に従事。2007年から2008年にかけて英国オックスフォード大学客員研究員を経て帰国し現職。

2015年より一般社団法人スウェーデン社会研究所の代表理事・所長に就任。近年は主として日本とスウェーデンを中心に、先進諸国の社会システムと人々の社会心理を比較研究している。著書に『日本の若者は希望をなぜ持てないのか』（2015年、草思社）がある。

スウェーデンの小学校社会科の教科書を読む
—日本の大学生は何を感じたのか—

（検印廃止）

2016年12月15日　初版第1刷発行

編訳者　鈴　木　賢　志

発行者　武　市　一　幸

発行所　株式会社　新　評　論

〒169-0051
東京都新宿区西早稲田3-16-28
http://www.shinhyoron.co.jp

電話　03(3202)7391
FAX　03(3202)5832
振替・00160-1-113487

落丁・乱丁はお取り替えします。
定価はカバーに表示してあります。

印刷　フォレスト
製本　中永製本所
装幀　山田英春

Printed in Japan
ISBN978-4-7948-1056-4